歳入からみる自治体の姿

自治体財政・収入の仕組みと課題

町田 俊彦（専修大学教授）著

イマジン出版

目　次

I　自治体の財政と地方分権

1　自治体の財政の仕組み………9

1　国民経済計算上の中央政府・地方政府と自治体
2　自治体財政の一般会計・特別会計
3　自治体財政の普通会計・公営事業会計
4　自治体の政策と歳入・歳出

2　戦後の集権システムと自治体の財政………12

1　「機関委任事務」と国庫補助負担金が二つの柱
2　一般財源としての地方交付税が国庫補助負担金制度を支える
3　「課税自主権」と起債権限を強く制約

3　分権改革による財政レベルの自治分権の拡充と限界………16

1　2000年分権改革
2　「三位一体の改革」と不十分な税源移譲
3　民主党政権下の「地方主権」改革と税源配分の「集中化」

II 自治体の歳入を詳しくみる

1 「自主財源」と「依存財源」……………………21
1 「依存財源」とは
2 「自主財源」

2 「一般財源」と「特定財源」、「経常一般財源」…23
1 「一般財源」と「特定財源」
2 「経常一般財源等」

3 「決算カード」の「歳入の状況」を読む …………25
1 「決算カード」
2 「歳入の状況」
3 経常一般財源比率

III 自治体における税金を詳しくみる

1 税金の特質と国・地方間の税収配分 ……………30
1 税金の特質
2 租税負担率
3 国と地方の税収配分

2 地方税に適した税金とは？……………………33
1 地方税原則
2 地方税原則に適合した不動産課税
3 地方税原則と所得課税
4 地方税原則と「消費税」

5　日本の地方税体系の特徴

3 地方税の税目 …………………………………… *40*

1　道府県税
2　市町村税
3　税交付金

4 自治体の課税自主権を行使する ………………… *51*

1　法定外普通税
2　法定外目的税
3　超過課税と不均一課税

5 地方税における「団体自治」の拡大 ……………… *60*

1　「減税自治体」
2　地方税への直接請求の対象範囲の拡大は見送り
3　地方税における「わがまち特例制度」の導入

6 「決算カード」の「道府県税の状況」と「市町村税の状況」を読む ……………… *63*

1　「道府県税の状況」
2　「市町村税の状況」
3　「地方税の状況」から見える自治体の姿

IV 地方税以外の歳入と国との関係

1 国庫支出金 ……………………………………… *67*

1　自治体向け国庫補助負担金
2　国庫支出金の内訳

— 5 —

3　国庫支出金の弊害

2　地方交付税 …………………………………………… *71*

　　　1　「財源不足」と交付団体
　　　2　基準財政需要額と「補正係数」
　　　3　基準財政収入額と留保財源
　　　4　「新型交付税」
　　　5　地方交付税の総額

3　「一括交付金」と地方交付税 ……………………… *82*

　　　1　個別補助金と「包括補助金」
　　　2　「一括交付金」
　　　3　一括交付金と地方交付税との差

4　地方債 ………………………………………………… *85*

　　　1　地方債許可制度から地方債事前協議・許可制度へ
　　　2　地方債でわかる自治体の評価
　　　3　「一般的許可団体」への移行基準
　　　4　「届出制」の導入と「協議不要対象団体」
　　　5　「地方債計画」と地方債充当率

5　「一時借入金」 ………………………………………… *96*

　　　1　「一時借入金」とは
　　　2　「一時借入金」の「ヤミ起債的運用」

6　税外収入 ……………………………………………… *98*

　　　1　税外収入と税外負担
　　　2　使用料・手数料
　　　3　分担金・負担金

- 4　財産収入
- 5　寄附金
- 6　諸収入
- 7　税外収入でわかる自治体の姿勢

V　自治体の歳入と歳出の関係

1　「性質別歳出」と「目的別歳出」 …………… *104*

- 1　性質別歳出
- 2　目的別歳出

2　「決算カード」で市町村の歳出を読む ………… *107*

- 1　性質別歳出の状況
- 2　目的別歳出の状況
- 3　「類似団体」と比較する

3　自主的行政と歳入 ……………………………… *117*

- 1　財源からみた行政のタイプ
- 2　国の基準設定と財源保障
- 3　「競争型・分離型」分権システムと「協調型・統一型」分権システム

VI　「協調型」分権システムへの転換と「税源移譲」

1　「社会保障・税の一体改革」と税収の集中化 … *125*

- 1　財政再建最優先の「社会保障・税の一体改革」素案
- 2　消費税の「社会保障目的税」化

3　自治体側が消費税増税分の配分を要求

2 「内需創造型経済」への転換と「協調型」分権
　　システム ………………………………………………… *133*

　　1　民主党政権の「新成長戦略」と「第3の道」
　　2　「財政運営戦略」と「第2の道」
　　3　「第3の道」と「協調型」分権システム

3 さらなる「税源移譲」を求めて ………………… *137*

　　1　所得税の「包括所得税」化
　　2　個人所得課税の「税源移譲」
　　3　「税源移譲」を支える「生活重視」の政策

索引 ………………………………………………………………… *143*
著者紹介 …………………………………………………………… *148*

I 自治体の財政と地方分権

1　自治体の財政の仕組み

1　国民経済計算上の中央政府・地方政府と自治体

　民間とは区別される政府部門の経済活動を財政と呼ぶ。国民経済計算では、政府部門は中央政府と地方政府から構成される。地方政府は日本のような単一制国家では、都道府県など中間地方公共団体と市町村のような基礎的地方公共団体から成る。アメリカのような連邦制国家では、州と呼ばれる中間団体と基礎的地方公共団体から成る。地方財政は、国民経済計算でいう広い意味での地方政府の財政である。狭い意味では、地方公共団体の財政であり、連邦制国家における中間団体（州）の財政は含まれない。法人格をもち中央政府に対する団体自治を確保している地方自治体（以下、自治体と呼ぶ）は、単一制国家では地方政府とほぼ同じ意味であるが、連邦制国家では基礎的地方公共団体のみを指し、州は含まない。

2　自治体財政の一般会計・特別会計

　日本の自治体財政は、予算上は一般会計と特別会計に区分される（P10図1参照）一般会計は自治体の行政運営の基本的経

図1　地方財政の仕組み

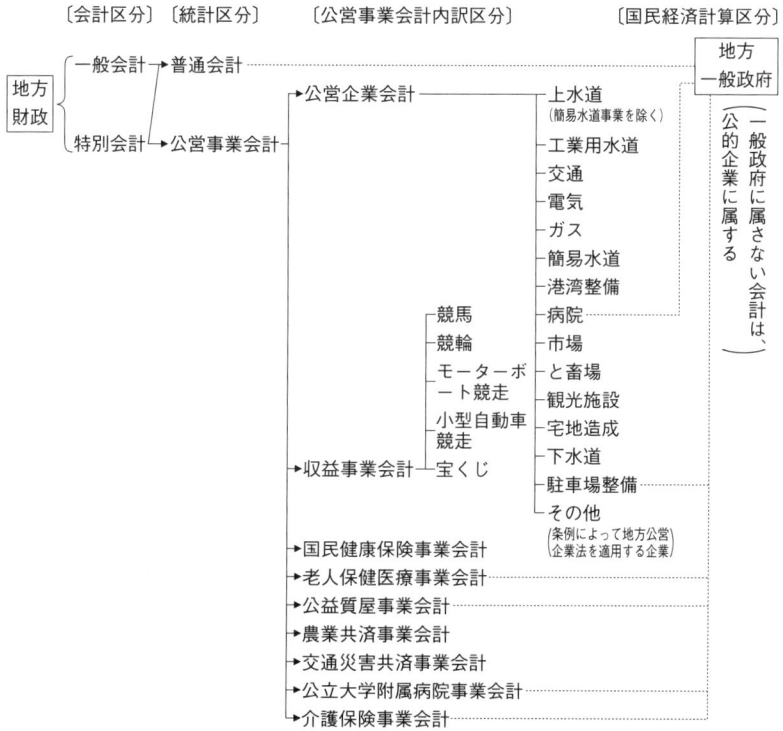

出所：福田淳一（編著）『図説　日本の財政』2009年度版、東洋経済新報社、2009年。

費を網羅して計上した会計である。予算の明瞭性を確保するための単一会計主義の例外をなす特別会計で計上される以外の全ての経理は一般会計で処理しなければならないことになっている。

　例外的に設置が認められている特別会計は、法律上義務づけられている会計（地方公営企業法が適用される公営企業や国民健康保険事業特別会計のような社会保険関連事業）と首長に専属する発案権の行使により条例で定められた「特定の事業を行う」場合などの会計から成る。

3 自治体財政の普通会計・公営事業会計

　総務省の財政統計では、自治体財政は「普通会計」と「公営事業会計」に区分されている。普通会計は、一般会計と一部の特別会計から成る。

　公営事業会計の中心は「公営企業会計」であり、その他に社会保険関連の会計（国民健康保険事業会計、介護保険事業会計、老人保健医療事業会計）、公営競技と宝くじを経理する収益事業会計などから成る。老人保健医療事業は社会保険ではないが、公的医療保険からの拠出と公費により運営されているので、社会保険関連の会計に含める。

　以下の自治体財政の分析は、その中核を占め、公営事業会計を支える役割も果たしている普通会計について行う。

4 自治体の政策と歳入・歳出

　財政は歳入、歳出の両面から成る。自治体の政策は主に歳出面に明瞭に現れる。普通会計歳出には、政策目的により歳出を区分した「目的別歳出」と経済性質別に区分した「性質別歳出」がある。自治体の政策を明瞭に表すのは目的別歳出である。目的別歳出は予算及び決算における「款」「項」の区分を基準として分類したものであり、議会費、総務費、民生費、衛生費、労働費、農林水産業費、商工費、土木費、警察費、消防費、教育費、災害復旧費、公債費、諸支出金等に分類されている。

　性質別歳出は、予算及び決算における「節」の区分を基準として分類したものであり、人件費、扶助費、公債費、物件費、維持補修費、補助費等、繰出金、積立金、投資・出資金・貸付金、普通建設事業費、災害復旧事業費、失業対策事業費等に分類されている。

歳入の区分についてはⅡで詳しく述べるが、歳出をどのような財源で賄うのかという政策を反映する。ただし国庫支出金を中核とする日本の集権システムの下では、歳出の規模・内訳が決定されてから財源調達としての歳入の規模・内訳が決まるという関係だけではない。国庫支出金をできるだけ多く獲得しようとして国の省庁へ働きかけ、実現すると、歳出の配分もかなり影響を受けるという逆の関係もあることに留意する必要がある。歳入の内訳は、自治体がどの程度、国から自律して政策を決定できるかに大きく影響する。

2　戦後の集権システムと自治体の財政

1　「機関委任事務」と国庫補助負担金が二つの柱

　戦後、戦前・戦時期に中央集権システムを支えてきた官選知事制が廃止され、都道府県が法人格をもつと、中央省庁は自治体を国の出先機関とする「機関委任事務」を乱発するとともに、政府管掌健康保険、職業安定業務、陸運業務などで「地方事務官」制度を導入した。

　機関委任事務は、国の法律またはこれに基づく政令によって、地方公共団体の首長に対して委任される事務である。主務大臣の指揮監督に従わない場合は、職務執行命令裁判を経て国が代執行をすることができる仕組みであり、団体自治が侵害されていた。機関委任事務については、1991年の地方自治法改正までは、地方議会の検閲検査権と監査請求権が認められず、住民自治も保障されていなかった。

　機関委任事務とならんで集権システムの根幹をなしていたのが、各省庁を通じて配分される国庫補助負担金（地方財政では「国庫支出金」と呼ばれる）であった。国の各省庁は、全国ど

この地域においても達成されるべき行政基準を設定する。「ナショナル・ミニマム」または「標準的行政」と呼ばれる。ナショナル・ミニマムを達成するのに地方税を中心とする自主財源では不足する自治体に対して、国は財源を補填する。この役割を「財源保障」と呼ぶ。

2　一般財源としての地方交付税が国庫補助負担金制度を支える

　1955〜1970年度の高度成長期には日本の国と地方の行財政関係が「三割自治」と特徴づけられた。歳入に占める地方交付税、地方譲与税、国庫支出金、地方債などの依存財源がおよそ1/2を占め、地方税が30％台という構成が定着していた。歳入に占める地方税のウエイトが低いのは、国と地方の税収配分で地方への配分割合が低かったことによる。高度成長期には、地方への配分割合は1/3以下にとどまっていた（P14図2参照）。

　国から配分されるか国の許可または同意の下で調達される「依存財源」は、「財源保障」の役割を果たす。財源保障には使途が自由な一般補助金を交付する方法があり、日本では主に「地方交付税」として配分されている。もう一つの方法は国の省庁別に使途が決められている特定補助金の交付であり、日本では国庫補助負担金として配分されている。一般補助金の方が分権システムにふさわしく、特定補助金は国が地方自治体の行財政をコントロールする有力な手段となる。日本では国庫補助負担金が財源保障の主たる手段となってきた。

　国庫補助事業においても、一般に国庫補助負担率は100％ではないので、地方自治体は「裏負担」（地方負担）を求められる。地方税収が少ない地方自治体は「裏負担」を行う財源が不足するので、国庫補助負担金を受け入れる能力が低く、ナショナル・ミニマムまたは標準的行政を達成できない。こうした自

図2　国と地方の税収配分

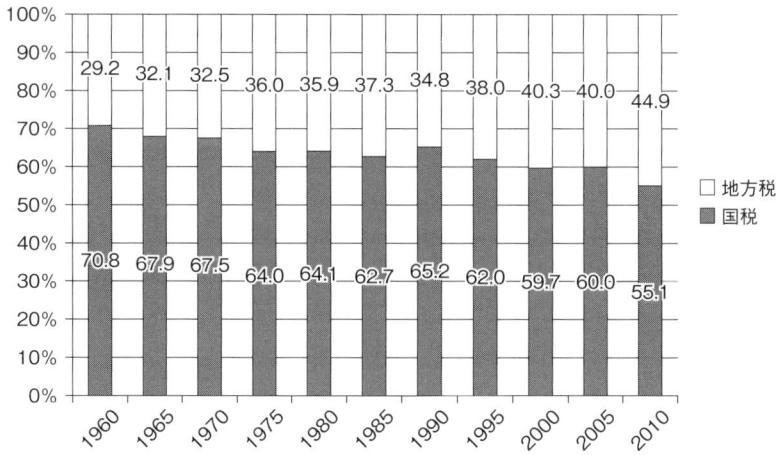

注：2010年度は実績見込み。
出所：総務省自治税務局「地方税に関する参考計数資料」2011年度。

治体が生まれることは国にとっても望ましいことではないから、地方交付税を重点的に配分する。日本の地方交付税の最優先の役割は、国庫補助事業の裏負担を財政力が弱い自治体に重点的に配分することである。国庫補助負担金が中枢に位置し、地方交付税がそれを補完してきたのであり、両者は一体となって集権システムの根幹をなしてきた。自治体間の人口1人当たりの税収と行政費用の差（財政力格差）を是正する制度を「地方財政調整制度」と呼び、日本では地方交付税がこれにあたる。地方交付税が併せて財源保障機能を果たしている点が日本の特徴である。

3　「課税自主権」と起債権限を強く制約

　地方財政が歳入面で国から交付される国庫補助負担金と地方交付税に大きく依存せざるを得ないのは、主に「課税自主権」

を制約されるとともに、国と地方の税源配分で自治体の仕事に見合った配分が行われていないことによる。

　自治体の課税自主権は、①租税立法権、②租税収入権、③税務行政権に大別される。次の国・地方の税収配分にみる通り、租税収入権が十分とはいえず、税務行政権については国の税務行政に依存しているものの、特に弱いのは租税立法権である。地方税は税目、課税ベース、税率等についてほとんど国の法律（地方税法）によって決められてきた。自治体が独自に条例で定める「法定外税」は、長い間普通税についてのみ認められ、国の許可を必要とした。国が自治体の税率に決定権を制限する場合、①たばこ税のように「一定税率」とする、②住民税などのように「標準税率」と「制限税率」を設定する、③都市計画税のように標準税率は設定しないで、制限税率のみを設定する、④自治体が自由に税率が決定できる「任意税率」にするという四つの方法が採られてきた。

　自治体の起債権限も制限されてきた。2005年度までは普通地方公共団体が地方債を起こす時は、自治大臣・総務大臣または都道府県知事の許可を受けねばならない「起債許可制度」が採られてきた。2002年の財政投融資改革までは資金運用部資金（資金源は郵便貯金、公的年金積立金など）と呼ばれた「政府資金」だけではなく、自治体が指定金融機関等から借入する「縁故債」や金融市場で発行する「市場公募債」といった民間資金に依存する場合にも、一律に起債許可を受ける必要があった。「地方債許可制度」の下で国は、毎年度地方債の総額、種類別内訳、資金内訳、「起債充当率」などを決定し、許可の目安とした。

　財政赤字や公債費負担が一定限度を越えると厳しい起債制限が発動されるので、自治体は財政再建その他のリストラに追い込まれた。税率決定権との関連で重要なのは、標準税率未満の

Ⅰ　自治体の財政と地方分権

税率を設定した自治体（「標準税率未満採用団体」）には起債制限が発動されるという規定である。地方債許可制度が自治体の税率決定権を制限する役割を果たしてきたのである。

3 分権改革による財政レベルの自治分権の拡充と限界

1 2000年分権改革

　1995年5月に地方分権の基本方向とその推進方策を定めた地方分権推進法（5年間の時限立法、2000年に1年延長）が公布され、同法に基づき地方分権推進委員会が設置された。地方分権推進員会の勧告を受けて、1998年5月に第1次の、1999年3月に第2次の地方分権計画が作成された。同計画に基づき475件の法律をまとめた「地方分権一括法」が1999年に成立、2000年4月に施行された。

　2000年分権改革の中心は、戦後の集権システムの中核を占めてきた「機関委任事務」の廃止である。機関委任事務は、国の直接執行事務、自治体が行う「法定受託事務」、「自治事務」に振り分けられた。併せて自治体に対する「国の関与」が制限され、地方事務官制度が廃止された。財政面では課税自主権が拡大された。すでに1998年に個人市町村民税について制限税率が廃止されていた。2000年改革では、「法定外目的税」が導入されるとともに、許可制度の下にあった法定外普通税とともに、「事前協議制」が適用されることになった。

　「歳入の自治」の面からみてより重要なのは地方債許可制度が2005年度をもって廃止されることになったことであり、2006年度から「地方債協議・許可制度」へ移行することになった。地方債許可制度の廃止は課税自主権の拡充にも連動した。標準税率未満の税率を適用する自治体も地方債を起こすことが可能

になった。ただしこのケースでは、事前協議制ではなく許可制が適用される。

2　「三位一体の改革」と不十分な税源移譲

　地方六団体は、中央府省による地方統制の根幹をなす国庫支出金を廃止、国から地方への税源移譲を行うことを求めた。2004年8月に発表された「国庫補助負担金等に関する改革案」では、総額9兆円程度の国庫補助負担金の削減と総額8兆円程度の税源移譲を目標として、2004〜2008年度を第1期、2007〜2009年度を第2期として改革を行うプランが提示された。第1期には所得税から住民税へ3兆円程度の税源移譲（個人住民税の10％比例税率化）を行い、第2期には消費税から地方消費税へ3.6兆円程度の税源移譲（移譲後の税率は国税消費税2.5％、地方消費税2.5％）を行う。

　分権改革の一層の推進は、財政再建を最優先目標とする財務省と「小さな政府」を維持して民間企業の活動の場を広げ、企業の公的負担（租税プラス社会保険料）を軽減しようとする財界からも求められた。そこで小泉政権下の「構造改革」の一環として2003〜2006年度に、国庫補助負担金の整理合理化、国から地方への税源移譲、地方交付税改革を一体的に行う財政レベルの分権改革が、「三位一体の改革」として実施された。

　「三位一体の改革」は地方六団体の改革プランの第1期に相当する。地方行財政のスリム化を通じて「小さな政府」を維持するとともに、財政再建（「財政健全化」と呼ばれる）に寄与させることを主たる目的として行われ、地方六団体のプランから隔たった内実となった。国から地方への財政移転の圧縮が中心となっており、地方交付税が5.1兆円（2003〜2006年度）、国庫補助負担金が4.4兆円削減された。国庫補助負担金の削減の

うち、廃止によるものは公立保育所への運営費補助など一部であり、補助負担率引下げが中心になった。総務省と財務省以外の省庁が、自治体コントロールの有力な手段である国庫補助負担金の廃止に強く抵抗したことによる。

一方、所得税から個人住民税への税源移譲額は国庫補助負担金削減額の2/3の3.0兆円にとどまった。国庫補助負担金削減額のうち税源移譲を伴う金額の比率は、義務的なものでは全額であるが、それ以外のものは8割程度、施設費にかかわるものは5割程度に圧縮されたからである。

国庫補助負担金の削減は都道府県を主な対象として行われ、それによる財源縮小の一部を税源移譲で埋め合わせするという手法が採られた。財政レベルの分権改革で中心となるべき税源移譲は副次的な地位にとどめられ、埋め合わせされない分は自治体が事業の圧縮で対応するものとされた。税源移譲の主な対象は国庫補助負担金の削減額が大きな都道府県であったから、基礎自治体としての市町村にとっては、「三位一体の改革」による分権化の効果はきわめて小さいものであった。

3　民主党政権下の「地方主権」改革と税源配分の「集中化」

「生活重視」を掲げて2009年9月に政権に就いた民主党は、「地方主権」改革と呼ぶ分権改革を政策の一つの柱とした。2009年11月17日の閣議決定で、内閣総理大臣を議長とする「地域主権戦略会議」が設置され、同年12月14日の初会合を経て、翌12月15日に地方分権改革推進計画が閣議決定された。

同計画は、地域主権改革の第一弾として、①義務付け・枠付けの見直し、②条例制定権の拡大、③国と地方の協議の場の法制化、④今後の地域主権改革の推進体制の整備を掲げた。①義務付け・枠付け見直しの一括改正と④地域主権戦略会議の法制

化を内容とする地域主権改革一括法案と③「国と地方の協議の場に関する法律案」を2010年3月に閣議決定、第174通常国会へ提出した。両法案は地方自治法一部改正法案とともに「地域主権改革関連三法案」として一括審議された。2011年1月開催の第177通常国会で継続審議となり、その後、2011年4月に成立した。「国と地方の協議の場」は、2011年6月末に閣議報告された「社会保障・税の一体改革成案」の成立過程で、消費税増税分の国と地方への配分をめぐり、地方側の要求を押し出す場として一定の役割を果たし始めている。後に述べる通り、地方自治法の一部改正は、課税自主権の拡大をもたらしている。

　一方、財政レベルの分権改革は進展していない。国庫補助負担金については、廃止は行われず、「一括交付金」化が行われている。「一括交付金」では、自治体の裁量の幅は拡大するものの、各省庁のコントロールは残る。全国知事会は、「三位一体の改革」による個人所得課税の移譲を第1弾とし、第2弾として消費税の移譲を求めていた。しかし「社会保障・税の一体改革」が実施されると、税源配分では国のシェアが高まる「集中化」が進んでしまう。

　地方六団体は「国と地方の協議の場」において、消費税増税分が充当される社会保障費は、国費による国実施事業と地方の国庫補助事業だけではなく、単独事業としても行われており、それに対応した増税分の移譲を求めている。留意すべきことは、消費税率引上げ5％のうち3％分は財政再建としての国の財政赤字圧縮のために使われることである。社会保障充実のために使われるのはわずか1％分にすぎず、残り1％分は消費税増税に伴う物価上昇の社会保障費へのはね返り分である。消費税率引き上げ5％では、地方消費税率引き上げや地方交付税率引き上げの余地はほとんどないのである。

地方六団体の消費税の移譲の要求は、最終支出と税収配分の地方のシェアの乖離を縮小することを狙いとして出されてきた。国の財政再建を主たる目的とし、消費税増税に対する国民の反発を和らげるために「社会保障の充実」を「目眩まし」として打ち出している「社会保障・税の一体改革」の土俵の中で地方六団体が要求している限り、税収配分における「集中化」という地方分権に逆行した流れを押しとどめるのは困難である。

Ⅱ 自治体の歳入を詳しくみる

1 「自主財源」と「依存財源」

1 「依存財源」とは

　自治体の歳入の区分として、「自主財源」と「依存財源」がある。依存財源には二つのタイプがある。依存財源の多くを占めるのは、地方自治体が上部団体（都道府県は国、市町村は国または都道府県）から交付される財源である。地方交付税、地方譲与税、地方特例交付金等、税交付金、交通安全対策特別交付金、国庫支出金、都道府県支出金などである。
　もう一つのタイプは国との事前協議を得ないと確保できない地方債である。

2 自主財源

　歳入のうち依存財源以外の財源は自治体が自主的に獲得できる財源で「自主財源」と呼ばれる。地方税が中核を占め、税外収入と呼ばれる分担金・負担金、使用料・手数料、財産収入、寄付金、繰入金、繰越金、諸収入が含まれる。
　歳入に占める自主財源の比率が高い程、自治体の財政運営は自立性を増す。2009年度決算額をみると、都道府県では自主

表1　都道府県の歳入の状況—2009年度決算額—

	計 歳入額	構成比	経常一般財源 歳入額
地方税	16,508,841	32.4	13,720,957
地方譲与税＊	810,283	1.6	810,283
地方特例交付金等＊	216,047	0.4	216,047
地方交付税＊	8,184,136	16.1	8,062,247
市町村たばこ税都道府県交付金＊	1,372	0.0	1,372
小計（一般財源）	25,720,679	50.5	2,281,006
分担金、負担金	353,100	0.7	
使用料、手数料	902,857	1.8	
国庫支出金＊	8,516,808	16.7	
交通安全対策特別交付金＊	43,163	0.1	
財産収入	233,832	0.5	
寄附金	20,020	0.0	
繰入金	1,376,239	2.7	
繰越金	684,181	1.3	
諸収入	5,361,659	10.5	
地方債＊	7,755,661	15.2	
合　　計	50,968,200	100.0	22,810,906
うち自主財源	25,440,730	49.9	13,720,957
依存財源＊	25,527,470	50.1	9,089,949

注：＊は依存財源。
出所：「地方財政の状況（地方財政白書）」2011年版。

財源と依存財源が1/2ずつを占める（表1参照）。市町村では自主財源比率は55％で都道府県よりも高い（P23表2参照）。

　高度成長期に日本の国・地方の行財政関係は「三割自治」と呼ばれ、その指標の一つとして歳入に占める地方税の割合が30％台であることが示されてきた。現在では、「三割自治」の時期よりは分権化が進んでいるが、歳入に占める地方税の比率は30％台にとどまっており、国から地方への税源移譲が不十分であることがわかる。

表2　市町村の歳入の状況― 2009 年度決算額―

百万円／％

	計 歳入額	計 構成比	経常一般財源 歳入額
地方税	18,674,113	34.9	16,667,392
地方譲与税＊	486,267	0.9	469,754
地方特例交付金等＊	245,964	0.5	227,644
地方交付税＊	7,636,101	14.3	6,808,730
税交付金＊	1,709,277	3.2	
小計（一般財源）	28,751,723	53.7	
分担金、負担金	596,569	1.1	
使用料、手数料	1,403,984	2.6	
国庫支出金＊	8,248,504	15.4	
交通安全対策特別交付金＊	30,644	0.1	
都道府県支出金＊	2,612,497	4.9	
財産収入	343,347	0.6	
寄附金	61,779	0.1	
繰入金	1,396,635	2.6	
繰越金	1,714,707	3.2	
諸収入	2,863,988	5.3	
地方債＊	4,666,867	8.7	
特別区財政調整交付金＊	853,473	1.6	
合　　　計	53,554,717	100.0	25,723,804
うち自主財源	29,677,620	55.4	
依存財源＊	23,877,097	44.6	

注：＊は依存財源。
出所：「地方財政の状況（地方財政白書）」2011 年版。

2 「一般財源」と「特定財源」、「経常一般財源」

1 「一般財源」と「特定財源」

　自治体の歳入のもう一つの区分として「一般財源」と「特定財源」がある。使途が特定されていない財源を一般財源、使途が特定されている財源を特定財源と呼ぶ。総務省による地方財政統計では地方税、地方譲与税、地方特例交付金、地方交付税

を一般財源としている。

地方税のうち目的税、地方譲与税のうち地方道路譲与税などは全く使途が自由というわけではないが、使途が国庫支出金のように特定の事業に限定されているわけではないので、一般財源に区分されている。この狭い意味での一般財源以外にも使途が自由な財源がある。例えば積立金を取り崩して使う繰入金には、財政調整基金からの繰入金のように使途が自由な財源がある。こうした財源を含めた広い意味での一般財源を「一般財源等」としている。

2 「経常一般財源等」

地方財政分析で使われる指標の算出に使われる歳入区分に、「経常一般財源等」がある。自治体の歳入のうち毎年度経常的に収入され、かつその使途が特定されていない財源をいう。地方税のうち目的税を除く普通税、地方交付税のうち特別交付税を除く普通交付税、地方譲与税および使用料・手数料等の税外収入のうち経常的なものが含まれる。

全国的に均一の行政水準が保障するナショナル・ミニマムが重要な政策課題となった20世紀の「現代的地方自治」では、自治体にとって依存財源は不可欠なものとなっている。依存財源のうち、第二次大戦期に導入された一般補助金は、自治体間財政力格差の是正を目的としている。一般補助金は依存財源でありながら、国庫支出金と比較すると自治体の財政運営の自立性を損なうことが少ない。そこで歳入に占める経常一般財源等の比率は、自治体の財政運営の自立性を示す最も重要な指標であるといえる。2009年度決算額でみると、歳入に占める経常一般財源等の比率は都道府県では44.8％、市町村では48.0％となっており、1/2に満たない。

経常一般財源等は地方財政の弾力性を示す指標の算出に使われる。その一つは「経常収支比率」である。分子は年々持続して固定的に支出される経常的経費（人件費、扶助費、公債費から成る義務的経費と物件費、維持補修費、補助費等のうち経常的部分）に充当された一般財源等である。義務的経費であっても人件費のうち災害補償費、公債費のうち転貸債、繰上償還に係るもの等は経常的経費ではなく、臨時的経費に区分される。分母には経常一般財源等が使われる。ただし最近では、地方財政対策において地方交付税で計上すべきであるが、その財源が不足しているため代替財源として例外的に「赤字地方債」（地方債は原則として建設事業に充当される建設地方債しか認められない）として発行されている臨時財政特例債、減収補てん債（特例分）も分子に加算されているので注意が必要である。
　経常一般財源比率も地方財政の弾力性を示す指標である。分子は経常一般財源等、分母は「標準財政規模」である。標準財政規模は自治体の一般財源の標準的大きさを示すものであり、「標準税収入額（国が定めた標準税率を適用した場合の普通税と事業所税の収入額）＋普通交付税＋地方譲与税」として算出される。2004年度以降は各自治体の臨時財政対策債発行可能額もこの標準財政規模に加えられている。「地方財政健全化法」に基づく早期健全化基準、財政再生基準に、横浜市などが早期健全化団体化を防ぐために、標準財政規模の分母に都市計画税を含ませ、水ぶくれさせていることに留意する必要がある。

3　「決算カード」の「歳入の状況」を読む

1　「決算カード」

　各自治体の普通会計の財政分析を行うには「決算カード」を

使う。そこで「決算カード」を使って歳入分析を行う方法について述べる。「決算カード」の読み方については高木健二『やってみよう、わがまちの財政分析』公文社、2010年と兼村高文『図解・自治体財政　はやわかり』学陽書房、2009年が詳しい。各自治体の「決算カード」は総務省のホームページから入手できる。

　自治体の決算は、議決された歳入歳出予算について法的に作成が義務づけられている他に、国の調査依頼として統計上の会計区分に従い「地方財政状況調査表」としてまとめることになっている。詳細の決算データが記載される「地方財政状況調査表」のうち、普通会計の主要な決算額と財政指標を一枚にまとめたのが「決算カード」である。「決算カード」に記載されない公営企業等（社会保険関連の公営事業を含む）、関連する一部事務組合、地方公社・第三セクター等の財政状況の概要は、総務省ホームページから入手できる「財政状況等一覧表」によって知ることができる。

2　「歳入の状況」

　「決算カード」の左上には、表3（都道府県 P27）と表4（市町村 P28）のような「歳入の状況」が記載されている。決算額には、会計区分別の歳入額が、構成比には歳入総額に占める各歳入科目の割合が示されている。市町村の決算データでは、利子割交付金から軽油引取税交付金（政令指定都市のみの歳入）までが道府県税の一部を一定の算式で市町村に配分する「税交付金」を構成する。

　自主財源と依存財源の区分は使われていないので、表1、表2の＊印（依存財源）に従い、決算額と歳出総額に対する構成比を算出する。

表3 「決算カード」の「歳入の状況」─K県の例─

人口	17年国調	8,791,590人
	12年国調	8,489,944人
	増減率	3.6%
住民基本台帳人口	22. 3. 31	8,885,458人
	21. 3. 31	8,848,329人
	増減率	0.4%

平成21年度 決算状況

歳入の状況（単位：千円　%）

区　分	決算額	構成比	経常一般財源等	構成比
地　方　税	1,044,774,018	55.5	909,550,162	89.0
地　方　譲　与　税	43,016,203	2.3	43,016,203	4.2
地方揮発油譲与税	1,567,474	0.1	1,567,474	0.2
地方道路譲与税	1,076,487	0.1	1,076,487	0.1
特別とん譲与税	─	─	─	─
石油ガス譲与税	137,133	0.0	137,133	0.0
航空機燃料譲与税	─	─	─	─
地方法人特別譲与税	40,235,109	2.1	40,235,109	3.9
市町村たばこ税都道府県交付金	─	─	─	─
地方特例交付金等	12,184,990	0.6	12,184,990	1.2
児童手当特例交付金	3,385,830	0.2	3,385,830	0.3
減収補填特例交付金	3,933,907	0.2	3,933,907	0.4
特別交付金	4,865,253	0.3	4,865,253	0.5
地　方　交　付　税	51,674,662	2.7	51,044,346	5.0
普　通　交　付　税	51,044,346	2.7	51,044,346	5.0
特　別　交　付　税	630,316	0.0	─	─
（一般財源計）	1,151,649,873	61.2	1,015,795,701	99.4
交通安全対策特別交付金	2,021,363	0.1	2,021,363	0.2
分　担　金・負　担　金	4,005,308	0.2	─	─
使　用　料	31,065,232	1.6	1,684,567	0.2
手　数　料	13,659,441	0.7	─	─
国　庫　支　出　金	274,645,300	14.6	─	─
国有提供交付金	─	─	─	─
財　産　収　入	11,972,920	0.6	1,333,952	0.1
寄　附　金	178,425	0.0	─	─
繰　入　金	23,298,315	1.2	─	─
繰　越　金	10,997,683	0.6	─	─
諸　収　入	34,470,017	1.8	730,076	0.1
地　方　債	325,085,399	17.3	─	─
うち減収補填債（特例分）	61,600,000	3.3	─	─
うち臨時財政対策債	159,995,600	8.5	─	─
歳　入　合　計	1,883,049,276	100.0	1,021,565,659	100.0

Ⅱ　自治体の歳入を詳しくみる

表4 「決算カード」の「歳入の状況」―F市の例―

<table>
<tr><th colspan="2" rowspan="2">平成21年度
決算状況</th><th>人</th><th>17 年 国 調</th><th>396,014人</th></tr>
<tr><th></th><th>12 年 国 調</th><th>379,185人</th></tr>
<tr><td>口</td><td>増 減 率</td><td>4.4%</td></tr>
<tr><td>住民基本台帳人口</td><td>22．3．31</td><td>404,808人</td></tr>
<tr><td></td><td>21．3．31</td><td>402,294人</td></tr>
<tr><td></td><td>増 減 率</td><td>0.6%</td></tr>
</table>

歳 入 の 状 況（単位千円・％）

区　分	決算額	構成比	経常一般財源等	構成比
地　方　　税	74,559,746	55.6	68,988,373	90.6
地 方 譲 与 税	849,208	0.6	849,208	1.1
利 子 割 交 付 金	248,400	0.2	248,400	0.3
配 当 割 交 付 金	111,762	0.1	111,762	0.1
株式等譲渡所得割交付金	55,140	0.0	55,140	0.1
地 方 消 費 税 交 付 金	3,789,116	2.8	3,789,116	5.0
ゴルフ場利用税交付金	23,222	0.0	23,222	0.0
特別地方消費税交付金	―	―	―	―
自 動 車 取 得 税 交 付 金	496,399	0.4	496,399	0.7
軽 油 引 取 税 交 付 金	―	―	―	―
地 方 特 例 交 付 金 等	920,376	0.7	920,376	1.2
児 童 手 当 特 例 交 付 金	165,058	0.1	165,058	0.2
減 収 補 填 特 例 交 付 金	424,578	0.3	424,578	0.6
特 別 交 付 金	330,740	0.2	330,740	0.4
地 方 交 付 税	49,032	0.0	―	―
普 通 交 付 税	―	―	―	―
特 別 交 付 税	49,032	0.0	―	―
（ 一 般 財 源 計 ）	81,102,401	60.5	75,481,996	99.2
交通安全対策特別交付金	76,980	0.1	76,980	0.1
分 担 金 ・ 負 担 金	882,559	0.7	―	―
使　用　　料	1,978,763	1.5	416,038	0.5
手　数　　料	1,832,552	1.4	―	―
国 庫 支 出 金	22,398,321	16.7	―	―
国 有 提 供 交 付 金	―	―	―	―
（ 特 別 区 財 調 交 付 金 ）				
都 道 府 県 支 出 金	5,839,912	4.4	―	―
財 産 収 入	518,166	0.4	52,379	0.1
寄　附　　金	84,985	0.1	―	―
繰 入 金	1,676,075	1.3	―	―
繰 越 金	7,937,879	5.9	―	―
諸 収 入	4,307,836	3.2	99,277	0.1
地 方 債	5,354,500	4.0	―	―
うち減収補填債（特例分）	―	―	―	―
うち臨時財政対策債	3,000,000	2.2	―	―
歳 入 合 計	133,990,929	100.0	76,126,670	100.0

一般財源の合計は地方交付税の下の欄にカッコ書き（K県では1,151,649,873千円・構成比61.2％、F市では81,102,401千円・構成比60.5％）で示されている。一般財源等の決算額は「歳入の状況」ではなく、「決算カード」の左下の「性質別歳出の状況」の右下に経常経費充当一般財源等、経常収支比率とともに「歳入一般財源等」（K県では1,437,411,632千円、F市では96,599,701千円）として示されている。

　経常一般財源等は歳入の決算額の右側に歳入の区分別金額と総額（F市では76,126,670千円）が示されている。歳入に占める経常一般財源等の比率は、歳入合計と経常一般財源等合計から算出する（K県では54.2％、F市では56.8％）。

3　経常一般財源等比率

　主な財政指標の一つである経常一般財源等比率は、市町村については後に示すように「決算カード」の右下に記載されている。経常一般財源等の標準財政規模に対する比率である（F市では94.5％）。K県について経常一般財源等比率は記載されていないので、経常一般財源等（1,021,565,659千円）を「決算カード」の右下に記載されている標準財政規模（1,256,153,193千円）で除した値（81.3％）とする。

 自治体における税金を詳しくみる

1 税金の特質と国・地方間の税収配分

1 税金の特質

　国や自治体の歳入の中心は税金である。最近は国や自治体では借金としての国債、地方債への依存度が高いが、その返済金の大半は将来税金によって調達される。そこで公債は「先取りされた租税」と呼ばれることもある。租税の他の収入と区別される第一の特質は強制性である。使用料・手数料は高速道路、公立保育所のような公共施設を利用しなければ負担しなくともよい。国債・地方債に応じるかどうかは、金融機関、事業法人、個人、外国人投資家が決定する。これに対して租税と社会保険料は、法律または条例により強制的に徴収される。

　税金の第二の特徴は負担者への反対給付を伴わない点にある。使用料・手数料等は狭い意味での「受益者負担金」で、個々人の公共サービスから得られる受益と負担が直接に対応している。

　広い意味での「受益者負担金」としての社会保険料は、年金保険を除くと、医療保険、介護保険、雇用保険などは個々人の受益と負担が対応しているわけではないが、保険料支払を要件として加入者としての保険者全体への給付と保険料が対応している。これに対して租税では、所得、資産、消費の大きさが負

担の基準となっており、受益とは対応していない。市町村が徴収している国民健康保険税は、制度上、税金とされているが、財源の性格としては社会保険料である。

2　租税負担率

　税金は国税と地方税から成り立っている。地方税が十分に確保されないと、自治体は住民のニーズに応えられない。地方税総額の大きさに影響するのは、租税負担全体の大きさと税金の国税と地方税への配分である。日本の租税負担率（GDP 比または国民所得比）は主要先進国ではアメリカとならんで低く、主要先進国における北欧の「大きな政府」のタイプの対極にある「小さな政府」のタイプを示す。社会保障給付費・公的教育費といった住民生活に密接に関連する財政支出（GDP 比また

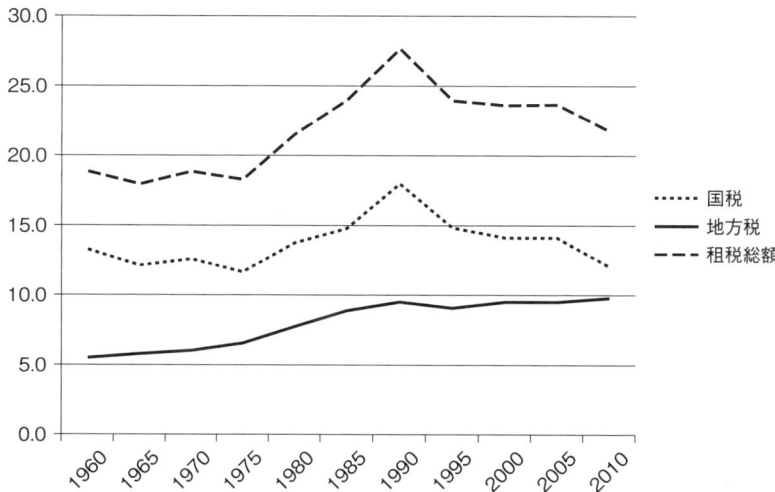

図3　国民所得比の国税及び地方税負担率（%）

注：2010 年度は実績見込み。
出所：総務省自治税務局「地方税に関する参考計数資料」2011 年度。

は国民所得比）の低さと対応している。

　国民所得比の租税負担率を示した図3（P31）によると、バブル好況期には28％まで高まったものの、バブル崩壊後は1980年代の比率に近い22〜24％へ低下している。地方税負担率は、バブル好況期の9％台を維持している。地方税負担率の動向には、国税体系と地方税体系の差異と「三位一体の改革」による国から地方への税源移譲が影響している。

3　国と地方の税収配分

　税金の国税と地方税へ配分比率は、国・地方間の税収配分あるいは税源配分と呼ばれる。地方への配分比率が十分かどうかは、仕事の配分比率との対比で判断すべきである。主要先進国と比較すると、日本の自治体は多くの分野にまたがって大きな仕事をしていることである。歳出から政府間のお金のやりとり（国庫支出金、地方譲与税、国庫支出金、国直轄事業負担金など）を除いて、民間等へ出て行く歳出を「最終支出」と呼ぶ。最終支出の配分はおおよそ国1/3、地方2/3となっている。

　アメリカ、ドイツ、スウェーデンといった分権型国家において、最終支出における地方（連邦制国家では州を含む）のシェアは1/2に満たない。日本の地方の2/3というシェアは際立って高く、神野直彦東京大学名誉教授は最終支出からみて「分散型」を日本の特徴としてあげている。「分権型」と呼ばないのは、最終支出の規模・内容の決定について自治体の自律性が強くはないからである。

　バブル好況ピークである1990年度まで、税収配分は最終配分とは逆で国2/3、地方1/3であった（P14図2参照）。税収配分は「集中型」であり、自治体は国からの大幅な財源交付なしには「分散型」の仕事をこなせない「集権型」が日本のもう

一つの特徴となってきたのであり神野直彦名誉教授は「集権分散型」と名付けた（『システム改革の政治経済学』、岩波書店、1998年）。

バブル崩壊後の税収減少は不振の法人課税のウエイトが大きい国税で顕著であり、地方税、特に安定的な固定資産税のウエイトが大きい市町村税では小幅であったので、1997～2006年度には国税のシェアは60％に低下し、地方税のシェアは40％に高まった。「三位一体の改革」により国から地方への税源移譲が行われ、リーマン・ショック後の不況で法人所得課税が大幅に減少したため、国税と地方税の配分比率はおむね55％と45％になった。地方税のシェアは高まってきたが、最終支出における地方のシェアとの乖離はなお大幅であり、「集権分散型」という特質は変わっていない。

2　地方税に適した税金とは？

1　地方税原則

国と地方の税金の配分では、どのような税金を主に国に、どのような税金を主に地方に配分するかも重要な問題である。国税と地方税では適した税金の種類が異なる。どのような租税をどのような理念にもとづいて課すべきか、といった税制の準拠すべき一般的基準を課税原則と呼ぶ。地方税には国税と異なる固有の原則があてはまるとされており、これを「地方税原則」と呼ぶ。主な原則としては、①応益原則、②負担分任の原則、③安定性の原則、④税源の普遍性の原則、⑤課税の自主性の原則があげられてきた。

所得再分配に責任をもつ国では税金を負担する能力に応じて課税する「応能原則」を基本とする。これに対して所得再分配

に第一義的な責任をもたず、公共サービスの提供により民間サービスでは適正化しない資源配分を調整することを主な役割とする地方では、住民や企業の受益に応じた「応益課税」を基本とするというのが①の原則である。自治体を町内会やPTAに類似した団体ととらえ、住民は全員がそれぞれの分に応じて、会費のように自治体の経費を負担すべきであるというのが②の原則である。経済の発展や文化の発達、高齢化の進展などにより、財政支出は膨張するから、収入が伸びてゆく税が望ましいという伸張性の原則は国税と地方税に共通する。さらに景気安定に責任を持つ国では、税収は好況期には増大して景気を抑え、不況期には減少して景気をよくした方が望ましいとされている。このような効果は自動安定装置（ビルド・イン・スタビライザー）と呼ばれ、国税は収入が不安定な方が望ましいとされる。これに対して景気安定に第一義的責任をもたず、住民へのサービス提供は景気に対応して変動しない方が望ましいから、安定的な収入が得られる税が望ましいとするのが③の原則である。

④は人口1人当たり税収で自治体間格差が小さい税を望ましいとする原則である。普遍性が乏しい地方税のウエイトが大きくなると、ナショナル・ミニマムを達成するためには、国からの財源配分を通じる格差是正に大きく依存することになり、地方自治が侵される。⑤は自治体が税率等を自律的に決定しやすい税が望ましいとする原則である。

2　地方税原則に適合した不動産課税

①～⑤の全ての原則の原則を満たす地方税はない。②以外の原則を満たして地方税に最もふさわしいとされているのが不動産保有課税であり、多くの国で基礎自治体の基幹税となっている。自治体が安全・安心で文化水準が高い地域づくりを行い、

生活道路・上下水道のようなインフラを整備すると、不動産価格が上昇する。不動産価格は自治体の行政サービスの受益を反映すると考えられるから、応益課税に適しているとみられている。

　伸張性には乏しいが、安定性に富む。バブル期までの日本のように地価が上昇し、また住宅の耐用年数が短くて建築戸数が多い国では、伸張性にも富む。日本の不動産保有課税としての固定資産税について都道府県単位でみると、人口1人当たり税収が最も多い東京都と最も少ない長崎県との間で2.3倍の格差がある（2009年度）。この格差は主な地方税の中では2番目に小さく、普遍性に富む。一般に不動産保有課税は国税では導入されないので、税率決定で国税との調整は不要で、自主決定がしやすい。

3　地方税原則と所得課税

　2番目に地方税に適合しているのは個人所得課税である。自治体が公共サービスを提供することにより、住民は共同作業に駆り出されることと比較して一定の労働時間を節約できる。節約分の労働時間分だけ個人所得が上昇するから、個人所得は受益を反映すると考えられる。従って比例税率による地方所得税は応益課税に適していると考えられ、スウェーデンやデンマーク等北欧では唯一の地方税となっている。経済成長期には伸張性と安定性に富む。低成長期に入り賃金の伸びが停滞したり、労働法制の規制緩和で低賃金の非正規労働者のウエイトが高まると、伸張性に欠ける。低成長期に入り、景気の落ち込みが大きくなり、失業者が急増すると、安定性が弱まる。居住地や通勤圏内に民間企業が集積している地域とその他の地域では個人所得水準に格差があるが、法人関係税と比較すると小さい。日

本の個人所得課税としての個人住民税について都道府県単位でみると、人口1人当たり税収が最も多い東京都と最も少ない沖縄県との間で3.1倍の格差がある（2009年度）。この格差は主な地方税の中では3番目に小さく、普遍性に欠けるわけではない。自主課税の原則にも適合しているが、国税にも個人所得課税（日本では所得税）があって競合するため、自治体の税率決定権はある程度制約される。

　一方、地方税原則を満たせないのが法人所得課税である。高度成長期には、法人所得は景気に応じて大きく変動するため安定性には欠けるが、伸張性には富んでいた。しかしバブル崩壊後の低成長下で伸張性にも欠けるようになった。普遍性にも欠ける。都道府県単位でみると、人口1人当たり法人二税（法人事業税と法人住民税）では、大企業が集中していて最大の東京都と最小の奈良県の間で6.1倍の格差がある（2009年度）。この格差は主要な税目で最も大きい。自治体の行政サービスの利益を得ていても、赤字法人は課税されないので、応益課税の原則も満たせない。法人住民税法人税割は、課税ベースが国税法人税であるので一種の国税付加税であり、国の法人税政策が地方税収に直結しており、⑤の課税の自主性原則に適合しない。法人事業税の課税ベースは国税法人税とほぼ同一であるので、国が税制優遇措置として課税ベースを圧縮した場合には、地方税収にそのままはねかえる。

　法人所得課税の欠陥を是正するために2005年度から法人事業税に導入された「外形標準課税」は、法人課税としては最も地方税原則に適合している。資本割と付加価値割から成る外形課税分の課税ベースは、赤字法人でもプラスとなるから課税され、応益課税に適合する。法人所得課税は、ある年度の赤字は翌年度以降に繰り越されて黒字と相殺できるから、バブル崩壊後の銀行のように多額の赤字を出した場合には、1990年代後

半に預金金利の大幅引下げにより単年度黒字を計上しても、課税所得の算定では赤字となり課税を免れた。外形基準の付加価値の算出では単年度損益が使われるから、赤字繰越の問題は解消され、この点でも応益性が増した。その結果、法人所得課税と比較すると伸張性、安定性の原則にもより適合するようになった。普遍性の原則との関連をみると、外形課税の付加価値割は所得割（法人所得課税）と比較して地域格差が小さい。

2008年秋のリーマン・ショック以降の世界金融危機の下で、法人事業税は大幅に減少しており、外形標準課税導入の効果が現れていない。これは外形課税が資本金1億円以上の法人を対象として、法人事業税の約1/4に限定され、約3/4は法人所得課税であることに起因する。外形標準課税を全面的に導入すれば、法人事業税はかなり地方税原則を満たすことになる。

4　地方税原則と「消費税」

日本において、低成長期に入り安定性の面から地方税としての評価が高まっているのが、「消費税」（付加価値税）である。都道府県単位でみると、人口1人当たり税収（清算後）が最も多い東京都と最も少ない沖縄県との間で1.7倍の格差がある（2009年度）。この格差は主な地方税の中では最も小さく、普遍性に富む。

消費税の難点は⑤の課税の自主性の原則を満たせないことである。アメリカの小売売上税は小売業者のみが納税する単段階課税であり、州・自治体ごとに異なった税率で課されている。これに対して日本の消費税は取引の各段階の業者が売上税額（税抜売上×消費税率）から仕入税額（税引売上×消費税率）を控除した金額を納税する。各取引段階の業者が全て同一都道府県内に立地していることは稀である。そこである都道府県が

高い消費税率を課すると、以後の取引段階では仕入税額が大きくなるから納税額が減少し、その影響が他の都道府県に及んでしまう。そこで地方消費税では、一定税率（消費税率換算で1％分）の徴収を国に委託している。

5　日本の地方税体系の特徴

　主な税金の区分として、日本では直接税、間接税等という区分が使われるが、OECD歳入統計では課税ベースを基準として、所得課税、消費課税、資産等課税という区分が使われる。OECD歳入統計の区分により、主要国の地方税体系（2007年）の特徴をみると、「単一制国家」のイギリス（地方税のシェア5.7％）では資産等課税、スウェーデン（地方税のシェア43.8％）では個人所得課税に100％依存した「単一税制」となっており、フランス（地方税のシェア19.0％）では資産等課税が81.6％と圧倒的な比率を占めており、残りの18.4％は消費課税である（P39図4参照）。

「連邦制国家」の州税を含まない地方税の構成をみると、オーストラリア（地方税のシェア2.9％）では資産税等課税が100％、カナダ（地方税のシェア10.0％）では資産等課税97.8％、消費課税2.2％、アメリカ（地方税のシェア18.2％）では資産等課税70.9％、消費課税23.3％、所得課税5.8％と資産等課税に偏ってよる。例外は主要な税目については、連邦・州・市町村の「共同税」とし、一定の比率で配分しているドイツであり、共同税である個人所得税への参与分と市町村税としての営業収益税を合わせた所得課税が80.0％と圧倒的割合を占め、資産税等課税14.7％、消費課税5.3％となっている。なお州税では、オーストラリアを除き、所得課税と消費課税がおおむね半々となっている。

日本の地方税（シェア46.3％）の構成は所得課税55.2％、資産等課税27.6％、消費課税17.1％となっている（2008年度決算額）。主要国と比較した特徴は次の通りである。
① 　資産等課税または消費課税に偏ることなく、三つの課税ベースのバランスがとれている。
② 　所得課税のうち法人所得課税のウエイトが全体の15.8％と高い。
③ 　消費課税は、国税消費税の導入に伴う地方間接税の廃止により減少したものの、地方消費税（付加価値税）、たばこ税、軽自動車税、自動車税、自動車取得税、軽油引取税

図4　主要国の地方税体系の比較

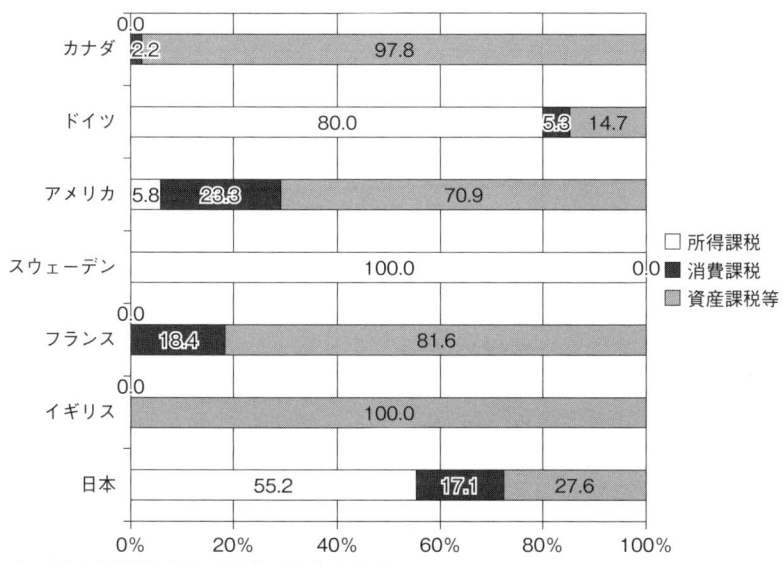

国	所得課税	消費課税	資産課税等
カナダ	0.0	2.2	97.8
ドイツ	80.0	5.3	14.7
アメリカ	5.8	23.3	70.9
スウェーデン	100.0	0.0	
フランス	0.0	18.4	81.6
イギリス	0.0		100.0
日本	55.2	17.1	27.6

注：1）連邦制国家では州税が含まれない。
　　2）日本以外の国は、*OECD, Revenue Statistics 1965-2007* による 2006年度の計数。日本は2008年度決算額。
　　3）ドイツの地方税には共同税の市町村への帰属分が含まれる。
出所：参議院総務委員会調査室「地方財政データブック」2010年版。

となお多様である。アメリカでは小売売上税、ドイツでは付加価値税（共同税への参与）、フランスでは自動車税・自動車登録税で少ない。

3 地方税の税目

1 道府県税

「道府県税」は、道府県が課税する税である（P41 表 5 参照）。東京都は道府県税と特別区の区域について市町村税としての法人住民税、固定資産税、特別土地保有税、都市計画税を課税する。2006年度まで道府県税の基幹税は法人事業税であった。2006年度に法人事業税は全体の約 1/3（32.9％）を占めていた。これに法人住民税（構成比 6.8％）を合わせた法人二税は約 4 割を占め、法人所得課税（一部外形課税）に著しく偏った税体系が特徴であり、安定性と普遍性に欠けていた。補完税は地方消費税（構成比 16.1％）、個人住民税（16.2％）、自動車税（10.6％）であり、この 3 税で 4 割強を占めていた。

2007年度以降、法人事業税の比率が急速に低下して、道府県税体系は大きく変貌する。その主な要因は次の三点である。

① 「三位一体の改革」による国から地方への個人所得課税の移譲

　2007年度に法人事業税は前年度比で 4.7％増加したにもかかわらず、構成比は前年度の 32.9％から 30.0％へ低下した。税源移譲により個人住民税が 83.7％も急増して、構成比を 15.3％から 24.7％へ急上昇したからである。

② リーマン・ショックを契機とする世界金融危機・不況

　2008年秋のリーマン・ショックを契機とする世界金融危機と世界同時不況により、法人所得が激減し、法人二税

表5 道府県税の収入状況─ 2009年度決算額─

百万円/％

	歳入額	構成比
Ⅰ　普通税	14,551,538	99.3
1　法定普通税	14,515,335	99.1
（1）道府県民税	5,766,272	39.3
ア　個人分	4,854,977	33.1
イ　法人分	686,835	4.7
ウ　利子割	165,147	1.1
エ　配当割	46,174	0.3
オ　株式等譲渡所得割	22,140	0.2
（2）事業税	2,904,803	19.8
ア　個人分	203,747	1.4
イ　法人分	2,701,056	18.4
（3）地方消費税	2,413,077	16.5
（4）不動産取得税	404,183	2.8
（5）道府県たばこ税	249,666	1.7
（6）ゴルフ場利用税	58,335	0.4
（7）自動車取得税	230,963	1.6
（8）軽油引取税	814,681	5.6
（9）自動車税	1,654,390	11.3
2　法定外普通税	36,222	0.2
Ⅱ　目的税	9,246	0.1
1　法定目的税	1,993	0.0
2　法定外目的税	7,253	0.0
Ⅲ　旧法による税	93,737	0.6
合　　　　計	14,654,541	100.0
うち法人二税	3,387,891	23.1

出所：総務省自治税務局「地方税に関する参考計数資料」2011年度。

が減少した。2009年度の法人事業税は2007年度比で51.8％減少して半減した。構成比は18.4％と個人住民税（33.0％）を大幅に下回り、基幹税の座を明け渡した。
③　法人事業税の一部（平年度ベースで2.6兆円）の国税（地方法人特別税）への移し替え

2009年度以降、東京都など大都市圏に税収が集中している法人事業税の一部を国税（「地方法人特別税」）に移し替えた。

その全額を1/2人口、1/2従業者数を基準として「地方法人特別譲与税」として都道府県へ譲与することとした。ネットで減収となるのは平年度ベースで6府県と推計されたが、大半が東京都分である。実質的に地方税を使う財政調整（水平方式の財政調整）を導入することにより、一般会計の歳入となる国税や国債を使った財政調整の原資を節約し、「地域再生対策費」として新たな基準財政需要額を導入しようとした政策である。この政策は、イギリスのサッチャー政権が労働党政権が多い都市自治体から税収と税率決定権を奪うために、事業用固定資産税を国税化し、人口基準で地方に譲与した方式に倣ったものあり、分権化時代に逆行する集権的手法である。

　法人事業税の一部国税化が平年度化した2010年度には、地方財政計画ベースで前年度決算額比37.8％も減少し、構成比は13.0％と地方消費税（16.5％）を下回り、自動車税（12.6％）とほぼ同率にまで低下した。2009年度決算でみると、道府県税体系では個人住民税が1/3を占めて基幹税となっており、法人二税が1/4を占めてこれを補完している（P41表5参照）。地方消費税は16.5％、自動車税は11.3％を占めて、第3位、第4位となっている。

　各自治体の地方税収に影響を与える要因として、課税ベース、税率以外に、税収または課税ベースの帰属や基準に注意を払うことが必要である。必ずしも居住地ベースの人口（住民基本台帳人口、夜間人口）を基準として帰属するわけではなく、従業者数（事業所統計、昼間就業人口）等を基準とすることがある。企業の立地が少なく、他の地域への通勤による流動人口が多いベットタウンとしての色彩が濃い自治体では、個人所得水準が高い割には地方税収が少ないという事態が生じる。

　住民税としての道府県民税は、個人住民税と法人住民税以外に利子割を含む。利子割は個人受け取り分と法人受け取り分の

両方に課税されるが、法人に対する課税分は法人税割から控除されるので、実質的には個人住民税である。個人住民税は市町村税と共通の均等割と所得割を中心としているが、配当割と株式等譲渡所得割を含む。個人住民税は居住地ベースで帰属する。一方法人課税では、事業所が複数の自治体に立地する「分割法人」の課税ベースの帰属が問題になる。住民税のうち法人税割は従業者数を基準として分割する。利子割は金融機関所在地割で帰属する。例えば千葉県民が東京都内に立地する銀行の支店に口座をもつと、その利子割は東京都に帰属してしまう。

　個人住民税の中心は均等割（標準税率1,000円）と所得割である。所得割は市町村民税と同様に、総合課税（収入が合算される）される給与所得、事業所得等を主な対象として、前年度の所得を基準として課税される。納税額の算定方法は国税所得税と同じである。課税対象となる収入金額マイナス必要経費（給与所得では実額控除を選択しない場合は概算控除としての給与所得控除）として、所得金額が算出される。所得金額マイナス所得控除として課税所得が算出される。所得控除のうち基礎的人的控除としての基礎控除、扶養控除、配偶者控除、特別配偶者控除が課税最低限を構成する。所得割の基礎的人的控除（扶養控除は一般扶養控除、配偶者特別控除は最高額）は国税所得税（38万円）よりも3万円低い35万円である。その結果、所得割の課税最低限は国税所得税よりも低く、国税所得税で課税最低限以下の納税者が所得割を納税することがある。総務省は所得割の課税最低限を国税所得税よりも低くしている理由として、「負担分任の原則」を制度化したものと説明している。課税所得に税率（標準税率4％）を乗じて算出税額が算定される。算出税額マイナス税額控除（配当控除等）としての納税額が算出される。

　法人税割のような国税付加税ではない独立税としての所得割

においても、課税ベースが国税所得税と共通であるため、国の租税政策の影響を強く受ける。国は高度成長期には経済成長促進のための個人貯蓄増強を掲げて、利子の大半を非課税（マル優など）と非課税貯蓄を越える貯蓄についての源泉選択分離課税、証券譲渡益の非課税といった優遇措置を導入を採用し、所得割について非課税とした。1988年度から少額貯蓄非課税制度は廃止されたものの分離課税であり、15％の国税と併せて道府県民税としての利子割（一定税率5％）が課税されることになった。1989年度から証券譲渡益は課税されることになったが分離課税されている。

　1990年代末から「金融ビッグバン」として日本の証券市場の国際的地位を高めるため、「貯蓄から投資」（銀行・郵便局への預貯金から株式、株式投資信託への誘導）を掲げて、一定の上場株式の配当や株式等譲渡所得（源泉徴収口座内の課株式等）について、本則（20％）よりも低い10％の税率による分離課税が選択できるようになっている。そこで道府県民税としての配当割と株式等譲渡所得割は本則で5％（一定税率）として利子割よりも低い税率が設定されている上に、時限的に3％と地方税の所得割（市町村税を含め10％）よりも著しく低い税率が適用されている。

　2012年1月6日に政府が決定した「社会保障・税一体改革素案」では、一定の上場株式の配当・証券等譲渡所得の税率は、2014年1月から本則の20％に戻すとしている。資産性所得は高所得者に集中している。税負担を不公平にしている資産性所得優遇措置が地方税にも及んでいるだけではなく、分離課税により一定税率とされていることにより、自治体の税率決定権も侵されている。

　個人住民税との関連では、2008年度改正で創設され、2009年度の個人住民税から適用された「ふるさと納税」（ふるさと

寄附金）がある。多くの国民が地方圏で生まれ、教育を受け、育ったにもかかわらず、進学や就職を機に大都市圏に出て、そこで納税するために、税収の地域格差が生まれていることに対する不満がある。「ふるさと納税」は寄附金税制を活用する方式で、こうした地方圏の自治体の不満に応えようとするものである。都道府県、市町村に寄附金を支出した場合、①寄附金（他の寄附金を含めて総所得金額の30％が限度）マイナス5,000円の金額に10％を乗じた額に、②寄附金マイナス5,000円の金額に（90％～40％）を加算した金額が「税額控除」される。90～40％は寄附金に適用される所得税の限界税率である。②はふるさと寄附金のみに加算され、個人住民税の所得割の1割を限度とする。どこの都道府県、市町村への寄附金であっても税額控除の対象となり、複数の自治体に寄附しても、適用下限額は5,000円（2012年度以降2,000円）である。

　東日本大震災復興費の財源の中心は「復興債」であるが、その償還財源は臨時増税としての「復興特別税」である。国税では所得税（2013年1月から25年間、所得税額を2.1％上乗せ）と法人税（2012～2014年度に法人税額を10％上乗せ、実質的には2012年4月から予定していた法人税減税の3年間凍結）の付加税が課される。地方税では、2014年6月から個人均等割（現行、道府県税と市町村税を合わせて一律4,000円）を5年間、1,000円上乗せする。

　法人事業税は、ほぼ法人税や法人税割と共通の法人所得を課税ベースとするものが中心であり、電力供給業など一部の業種に収入金課税が行われてきた。所得課税の法人事業税は景気変動により不安定である。地方行財政は安定的運営が求められており、赤字法人も行政サービスの受益を得ていることから、「外形標準課税」の導入が全国知事会などから要求されてきた。東京都の「銀行税」導入（東京地裁・高裁で違法との判決）を

契機として、2004年度から資本金1億以上の法人を対象とし、その税負担の約3/4は現行通り所得基準とした上で、約1/4について外形基準（うち3/4は「付加価値基準」、1/4は「資本金基準」）を導入した。外形基準の導入は税収の地域格差是正を主な狙いとする措置ではないが、所得基準と比較して法人事業税の東京集中を是正すると推計された。外形標準課税の導入が部分的なものにとどまっているため、税収入の安定化という効果は発揮されていない。

事業所が複数の都道府県に分布する分割法人の「課税ベースの都道府県間配分」では、税収入の地域格差是正措置を盛り込んでいるため、法人税割よりも複雑である。製造業は「従業員割」を基本とするが、工場誘致を行った地域への帰属を増やすため工場の従業者数は1.5倍して計算する。電力供給業などを除く非製造業では2005年度以降、従業者数を基準とする分割基準を銀行業等のみに適用されてきた1/2を従業者数、1/2を事業所数とする分割基準（改正前は銀行業等のみこの基準を採用）に切り替えられた。電力供給業では、原子力発電所立地道県への帰属を増やすため、1/4固定資産額、3/4発電用固定資産額という独特の基準が使われている。先に述べた2008年度以降の法人事業税の一部国税化と地方法人特別譲与税としての再配分も、税収の地域格差是正を狙いとしたものである。

分割法人の納める地方税の帰属の問題は地方消費税についても生じる。本社で一括購入している投資財や製品があることから、仕入税額は本社ベースでしか算出できない。そこで分割法人は本社所在地で納税するから、消費税収は東京都に集中する。消費者が負担する地方消費税は、消費者が居住する都道府県に帰属させるべきである。そこで各都道府県の個人消費額を示す指標を使って再配分している。これを「清算」と呼ぶ。

清算基準は①「小売販売額」（商業統計）と「サービス業対

個人事業収入額」(サービス基本統計) の合算額 6/8、②国勢調査人口 1/8、③従業者数 (事業所統計) 1/8 である。千葉県、埼玉県、神奈川県の住民が東京都で買物をした場合、東京都の小売売上額に反映するので、その分の消費税額は清算後も東京都に入ってしまう。消費税の清算を消費者の居住地ではなく、購入地を基準として行わざるをえないからである。なお主に本社所在地で行われる法人の贈答品の買物が小売売上額に反映することも、東京都の人口 1 人当たり消費税収入 (清算後) を全国平均の 1.67 倍と突出させている要因である (第 2 位は神奈川県の 1.1 倍、他の道府県は全国平均以下)。

2 市町村税

「市町村税」は市町村が課税する税である (P48 表 6 参照)。個人住民税と固定資産税が基幹税となっている。個人住民税のうち均等割と所得割は、市町村が一括して徴収する道府県税と同じ課税ベースであり、税率のみが異なる。標準税率は均等割 3,000 円、所得割 6% である。

所有者に課される固定資産税の標準税率は 1.4% である。固定資産税の税額は、本来、課税標準である価格に税率を乗じて算出されるが、一般住宅用地については課税標準を 1/3 に、200m^2 以下の小規模宅地については 1/6 にする特例措置を講じている。

土地については 3 年ごとに「評価替」を行う。バブル期に地価が高騰すると、土地税制も大幅に変更された。地価急騰の主な要因は、金融緩和による膨大な投機的資金が土地に流れたことにあるが、土地の需給という実物的要因が主な原因であるかのようにとらえられ、土地の供給を増加される土地税制が求められたのである。土地税制の中心は土地譲渡所得課税と土地保

表6 市町村税の収入状況—2009年度決算額—

百万円/%

	歳入額	構成比
Ⅰ 普通税	18,944,336	92.3
1 法定普通税	18,943,118	92.3
(1) 市町村民税	9,124,144	44.4
ア 個人分	7,348,923	35.8
イ 法人分	1,775,220	8.6
(2) 固定資産税	8,874,438	43.2
ア 純固定資産税	8,778,908	42.8
土地	3,467,441	16.9
家屋	3,664,150	17.8
償却資産	1,647,317	8.0
イ 交付金	95,530	0.5
(3) 軽自動車税	173,939	0.8
(4) 市町村たばこ税	766,630	3.7
(5) 鉱産税	1,950	0.0
(6) 特別土地保有税	2,017	0.0
2 法定外普通税	1,218	0.0
Ⅱ 目的税	1,584,073	7.7
1 法定目的税	1,582,820	7.7
(1) 入湯税	22,790	0.1
(2) 事業所税	327,465	1.6
(3) 都市計画税	1,232,527	6.0
2 法定外目的税	1,253	0.0
Ⅲ 旧法による税	4	0.0
合　　計	20,528,413	100.0

注：1）東京都が特別区で徴収した市町村税相当額（1,854,300百万円）を加算してある。
　　2）法定目的税には上記以外に水利税と固定資産税地益税が含まれる。
出所：総務省自治税務局「地方税に関する参考計数資料」2011年度。

有課税であるが、譲渡所得課税は土地の供給を減らす効果（凍結効果）があるが、土地保有課税を重くすると納税のため、土地の供給を増加させる。そこで土地保有課税では、国税に地価税を導入するとともに、「一物五価」と呼ばれる宅地価格の中で最も低い固定資産税の評価額の引き上げが課題とされた。

2004年度に「負担水準」（当該年度の評価額に対する前年度の課税標準額の割合）の地域間均衡化を標榜して、公示価格の7割への大幅引き上げが実施されたのである。実際の納税額の算定は、評価額に税率を乗じるのではなく、評価額よりも減額された課税標準額に税率を乗ずることによって算出される。しかし土地融資の総量により土地バブルが崩壊し、地価が下落局面に入った時期に行われた評価額の大幅引き上げは、いわゆる「負担調整措置」を複雑化した。2003年度までの負担調整措置は、評価替の翌々年度に評価額に課税標準が追いつく措置であった。しかし2004年度以降は、課税標準額を長期間で評価額に追いつかせ、税負担をなだらかに上昇させる措置に変更された。

　バブル崩壊後は、地価が下落しているにもかかわらず、課税標準の7割評価への接近が続けられるため、実勢価格の下落に対応した税負担の軽減が行われない。自治体にとっては税収が安定的に推移するというメリットが生じたが、納税者、特に商業地に土地を保有する事業者が強く反発した。そこで2007年度には、3年ごとの評価替の間の据え置年度においても、地価下落に対応した評価額の修正が可能になった。2009～2011年度の負担調整措置では、①負担水準が70％を越える商業地等については、当該年度の評価額の70％にとどめる。②負担水準が60～70％の商業地等および80～100％の住宅地は前年度課税標準額を据え置く、③市町村は一定の基準により、固定資産税を減額することができるといった措置が講じられている。③は商業地については、当該年度の評価額に市町村の条例で定める割合（0.6～0.7の範囲）を乗じて算出された金額まで、住宅地等（住宅用地、商業地等、特定市街化区域農地）では前年度の税額に市町村の定める割合（1.1倍）を乗じて算出された税額まで減額する措置である。

固定資産税に類似したものとして都市計画税がある。都市計画区域のうち原則として市街化区域に所在する土地または家屋の所有者に対して課税することができる。都市計画事業または土地区画整理事業に充当する法定目的税である。都市計画税を課するか否かは自治体の自主的判断（条例事項）に委ねられており、任意税目と呼ばれる。制限税率（3％）のみが定められており、税率も条例事項である。住宅用地については、評価額の2/3、200m^{2}までの小規模宅地については評価額の1/3に減額する特例措置が講じられている。

　主な市町村税の法定目的税としては、都市計画税以外に事業所税がある。1970年代前半に大都市の過密の弊害を緩和するためにフランスで導入されている「混雑税」の新設が論議されたが、大都市からの事業所の追い出しを狙いとする新税の創設は反対が多く実現されなかった。代わりに工業再配置法に基づく「誘導地域」への工業再配置補助金の交付と事業所税の創設（1975年度）が行われた。事業所税は、大都市地域における都市環境の整備および改善に充当するための目的税とされているが特定の歳出とのつながりは弱い。そこで地方交付税の算定において、基準財政収入額に算入するのは法定普通税とされているが、目的税のうち事業所税は例外的に算入されている。

　大都市地域における都市環境の整備・改善という目的にもかかわらず、課税団体は①東京都（特別区の区域に限る）、②政令指定都市、③首都圏整備法による既成市街地または近畿圏整備法による既成都市区域を有する都市だけではなく、④、②および③以外の人口30万人以上の市で政令により指定する市も含まれる。④は全国に及んでおり、中都市への新規税源付与という性格も併せもっている。事業所税は事業者に課税される「事業に係る事業所税」（資産割、従業者割）と事業所等に使用される家屋の建築主に課税される「新増設に係る事業所税」か

ら成る。税率は一定税率で「事業に係る事業所税」の資産割は床面積 1m² につき 600 円、従業者割は従業者給与総額の 0.25％、「新増設に係る事業所税」は床面積 1m² につき 6,000 円である。

3　税交付金

　道府県税の一部を市町村に、また市町村税の一部を都道府県に、一定の配分基準に基づき交付金として配分する財源を「税交付金」と呼ぶ。大半は道府県税の一部を、一定の配分基準に基づき市町村に交付するものであり、都道府県が徴収している「間接課徴形態」の市町村税とみることができる。その概要は表 7（P52）の通りである。

4　自治体の課税自主権を行使する

1　法定外普通税

　分権時代の地方財政では、自治体の課税自主権の行使は重視されるべきであり、そのための制度が整備されてきている。課税自主権の行使は、「法定外税」の導入と「超過課税」・「不均一課税」に大別される。法定外税では、法定外普通税の導入が先行した。法定外普通税は、地方税法で定められている法定税以外に地方公共団体が条例で定めて課税する地方税のうち使途が特定されないものである。2000 年 4 月の地方分権一括法施行までは自治大臣・総務大臣の許可制であり、それ以降は事前協議制に移行した。事前協議について次のいずれかが該当する場合を除き、総務大臣はこれに同意しなければならない。

　①　国税または他の地方税と課税標準を同じく、かつ、住民

表7　市町村の税交付金の概要

交付金名	交付額	交付基準
道府県民税利子割交付金（普通税）	3/5	個人道府県民税における各市町村のシェア
道府県民税配当割交付金（普通税）	3/5	個人道府県民税における各市町村のシェア
道府県民税株式等譲渡所得割交付金（普通税）	3/5	個人道府県民税における各市町村のシェア
地方消費税交付金（普通税）	清算後の1/2	1/2人口（国勢調査）、1/2従業者（事業所・企業統計）
ゴルフ場利用税交付金（普通税）	7/10	当該ゴルフ場に係るゴルフ利用税の額
自動車取得税交付金（目的税）	税額の95%の7/10	市町村道の延長及び面積のシェア
軽油引取税交付金（目的税）	90%	政令指定都市、区域内に存する国道・高速自動車道、道府県道のシェア

注：1）道府県税利子割は法人分について控除後の金額の3/5が交付額である。
　　2）自動車取得税は、上記に加えて、95%の30%分が政令指定都市に交付される。
出所：参議院総務委員会調査室『図説　地方財政データブック』2010年版、学陽書房。

の負担が著しく過重となる
②　地方団体間における物の流通に重大な損害を与えること
③　①および②のほか、国の経済政策に照らして適当でないこと

　2004年度税制改正により、既存の法定外普通税について、税率引下げ・廃止、課税期間の短縮を行う場合には総務大臣への協議・同意の手続きが不要になった。また特定納税義務者（納税総額の1/10を継続的に超えると見込まれる納税者で一定の条件を満たす者）に係る税収割合が高い場合には、条例制定前に議会でその納税者の意見を聴取する制度が創設された。

　現行の道府県税で最も古いのは沖縄県が課税している石油価格調整税（1972年6月施行）である。拡大の契機となったのは、福井県が1976年11月に施行した核燃料税であり、発電用原子炉に挿入した核燃料の価額を課税標準とした。その後、原子力発電所が立地している道県の導入が相次ぎ、11団体で課

税している。2009年度決算額で核燃料税が多いのは、福井県の512億円、福島県の510億円で、原発集中立地県である。茨城県の核燃料等取扱税（1988年10月施行）、青森県の核燃料物質取扱税（1991年9月施行）など原子力発電所以外の原子力関連施設でも課税されている。放射性廃棄物の中間処理施設・保管施設が立地する青森県における核燃料物質取扱税は、2009年度決算額で1,112億円と最も多い。

道府県税では原子力施設に関連した課税が大半であるが、例外は沖縄県の石油価格調整税と神奈川県の臨時特例企業税である。臨時特例企業税は、資本金5億円以上の法人で当期利益が発生しているもので、繰越欠損金と相殺される当期利益の金額に2%の税率で課税された。2009年3月31日に失効している。

市町村税の法定外普通税は7区市町で課税されている（P54表8参照）。税額は道府県税と比較して小規模であり、2009年度決算額で最大の静岡県熱海市の別荘等所有税は5.6億円にすぎない。原子力発電所等原子力関連施設の立地自治体を除くと、都道府県、市町村とも法定外普通税の導入は活発とはいえず、この面での自主課税の強化が望まれる。

2　法定外目的税

2000年4月の分権一括法施行により法定外目的税が制度化された。事前協議の手続き等は法定外普通税と同様になった。

法定外目的税の導入では、三重県が産業廃棄物税を創設（2002年4月施行）して口火を切った。最終処分場と中間処分場への搬入量を課税標準として、トン当たり1,000円の税率で課税し、産業廃棄物の発生抑制、再生、減量その他適正な処理に係る施策を使途としている。産業廃棄物税、産業廃棄物処理税、産業廃棄物埋立税、産業廃棄物処分場税、産業廃棄物減量

表 8　市町村の法定外普通税の概要

平成 23 年 1 月現在

団体名	税目	課税客体	課税標準	納税義務者	徴収方法	税率	施行年月日（直近の更新）21 年度決算額（百万円）
京都府城陽市	山砂利採取税	山砂利の採取	採取量	採取業者	申告納付	1m³…40 円	S43. 12. 1 施行（H18. 6. 1）16
神奈川県中井町	砂利採取税	砂利の採取	採取量	採取業者	申告納付	洗浄した 砂利 1m³…30 円 その他 1m³…15 円	S47. 6. 1 施行（H19. 6. 1）6
神奈川県山北町	砂利採取税	岩石及び砂利の採取	採取量	採取業者	申告納付	岩石　1m³…10 円 砂利　1m³…15 円	S57. 4. 1 施行（H19. 4. 1）6
静岡県熱海市	別荘等所有税	別荘等の所有	別荘等の延面積	所有者	普通徴収	1m²…年 650 円	S51. 4. 1 施行（H18. 4. 1）557
福岡県太宰府市	歴史と文化の環境税	有料駐車場に駐車する行為	有料駐車場に駐車する台数	有料駐車場利用者	特別徴収	二輪車（自転車を除く）…50 円 乗車定員 10 人以下の自動車…100 円 乗車定員 10 人超 29 人以下の自動車…300 円 乗車定員 29 人超の自動車…500 円	H15. 5. 23 施行 70
鹿児島県薩摩川内市	使用済核燃料税	使用済核燃料の貯蔵	貯蔵されている使用済核燃料集合体）の数量（1 発電用原子炉につき 157 体を超える分）	発電用原子炉の設置者	申告納付	250,000 円／体	H15. 11. 1 施行（H21. 1. 5）340
東京都豊島区	狭小住戸集合住宅税	豊島区内における狭小住戸（専用面積 30m² 未満の住戸）を有する集合住宅の建築等	区内に新たに生ずる狭小住戸の戸数	建築主	申告納付	1 戸につき 50 万円	H16. 6. 1 施行 223

（注）「直近の更新」とは、課税期間を規定している法定外税について、新設（更新）の総務大臣協議をした場合における、直近の施行日を記載している。

出所：総務省自治財政局「地方税に関する参考計数資料」2011 年度。

— 54 —

税、資源循環促進税、循環資源利用促進税と名称は多様であるが、産業廃棄物対策を使途とした目的税が54（2011年1月現在）と大半の道府県で導入されている。その他、東京都では宿泊税を2002年10月に、岐阜県が乗鞍環境保全税を2003年4月に施行している。

　市町村の法定外目的税は表9（P56）の通りである。環境対策を使途とした目的税が中心である。都道府県、市町村とも、住民の理解が得やすい「地方環境税」としての目的税が中心である。2011年春の通常国会に環境税（「地球温暖化対策税」）の導入法案が提出されたが、財界等の強い反対があり、廃案となった。2012年春の通常国会に再度提出されるが、国税レベルでの炭素税を中心とする環境税の導入が遅れている。自治体が先行して環境税を導入しているのは分権時代にふさわしい取り組みである。多様な法定外目的税としての地方環境税等の開発が望まれる。

3　超過課税と不均一課税

　地方税の税率は自治体の条例によって定められるが、地方税法は税目ごとに自治体の条例で定めるべき税率に規制を加えている。地方税法が規定する税率は、その規制方法により、「標準税率」、「制限税率」、「一定税率」および「任意税率」の4種類に分けられる（P57表10参照）。任意税率は地方税法上に税率を定めず、自治体が完全に自由裁量的に税率を決定できるが、零細な税目にしか適用されていない。反対に一定税率では自治体の裁量の余地がない。地方税法上、標準税率が定められている税目について、標準税率を超える税率を条例上定めて課税することを「超過課税」と呼び、法定外税の導入とならぶ自主課税の主要な方法である。超過課税について、地方税法でその上

表9 市町村の法定外目的税

平成23年1月現在

団体名	税目	課税客体	税収の使途	課税標準	納税義務者	徴収方法	税率	施行年月日（直近の更新）年度決算額（百万円）
山梨県富士河口湖町	遊漁税	河口湖での遊漁行為	河口湖及びその周辺地域における環境の保全、環境の美化及び環境施設の整備の費用	遊漁行為を行う日数	遊漁行為を行う者	特別徴収	1人1日 200円	H13. 7. 1施行 11
福岡県北九州市	環境未来税	最終処分場において行われる産業廃棄物の埋立処分	廃棄物の適正な処理の推進、廃棄物の再生利用の促進に資する事業の支援その他環境に関する施策に必要な費用	最終処分場において埋立処分される産業廃棄物の重量	最終処分場において埋立処分される産業廃棄物の最終処分業者及び自家処分業者	申告納付	1,000円/トン	H15.10. 1施行 678
新潟県柏崎市	使用済核燃料税	使用済核燃料の保管	原子力発電所に対する安全対策、生業安定対策、環境対策及び民生対策並びに原子力発電所との共生に必要な費用	保管する使用済核燃料の重量（使用済核燃料に係る原子核分裂をさせる前の核燃料物質の重量）	使用済核燃料を保管する原子炉設置者	申告納付	480円/kg	H15. 9.30施行 558
沖縄県伊是名村	環境協力税	旅客船、飛行機等により伊是名村へ入域する行為	環境の美化、環境の保全及び観光施設の維持整備に要する費用	旅客船、飛行機等により伊是名村へ入域する回数	旅客船、飛行機等により伊是名村へ入域する者	特別徴収	1回の入域につき100円（障害者、高校生以下は課税免除）	H17. 4.25施行 4
沖縄県伊平屋村	環境協力税	旅客船等により伊平屋村へ入域する行為	環境の美化、環境の保全及び観光施設の維持整備に要する費用	旅客船等により伊平屋村へ入域する回数	旅客船等により伊平屋村へ入域する者	特別徴収	1回の入域につき100円（障害者、高校生以下は課税免除）	H20. 7. 1施行 3
沖縄県渡嘉敷村	環境協力税	旅客船等により渡嘉敷村へ入域する行為	環境の美化、環境の保全及び観光施設の維持整備に要する費用	旅客船等により渡嘉敷村へ入域する回数	旅客船等により渡嘉敷村へ入域する者	特別徴収	1回の入域につき100円（障害者、高校生以下は課税免除）	H23. 4. 1施行予定 平年度見込額 10

（注） 1)「直近の更新」とは、課税期間を規定している法定外税について、新設（更新）の総務大臣協議をした場合における、直近の施行日を記載している。
2) 遊漁税を課税していた3町村（河口湖町、勝山村及び足和田村）が平成15年11月15日に合併。
3) 沖縄県渡嘉敷村の環境協力税の税収額は、総務大臣協議時の税収見込額を記載している。

— 56 —

表10　地方税の税率の種類

			標準税率	制限税率	一定税率	任意税率
道府県税	法定普通税	道府県民税：個人均等割	○			
		：所得割	○	＊		
		：配当割			○	
		：株式等譲渡所得割			○	
		：法人均等割	○			
		：法人税割	○	○		
		：利子割			○	
		事業税	○	○		
		地方消費税			○	
		不動産取得税	○			
		道府県たばこ税			○	
		ゴルフ場利用税	○	○		
		自動車税	○	○		
		鉱区税			○	
	法定目的税	自動車取得税			○	
		軽油引取税			○	
		狩猟税			○	
		水利地益税				○
市町村税	法定普通税	：所得割	○		＊	
		：法人均等割	○	○		
		：法人税割	○	○		
		固定資産税	○			
		軽自動車税	○	○		
		市町村たばこ税			○	
		鉱区税	○	○		
		特別土地保有税			○	
	法定目的税	事業所税			○	
		都市計画税		○		
		入湯税	○			
		水利地益税				○
		共同施設税				○
		宅地開発税				○

＊分離課税が適用される退職所得、土地譲渡所得等については一定税率である。
出所：総務省自治税務局「地方税に関する参考計数資料」2011年度。

限を制限税率として定めている場合には、自治体の自由裁量は制約される。都市計画税については標準税率を定めず、制限税率のみを設定するという独特な規制方法を採っている。

　個人住民税均等割・所得割について道府県民税では制限税率

— 57 —

が設定されていなかったが、所得割の超過課税に際して国への届出が必要であった。市町村税では制限税率が設定されてきたが、分権改革一括法の施行に先立って1998年度地方税改正で廃止された。併せて道府県民税所得割（および不動産取得税）の届出制が廃止された。2004年度改正では固定資産税の制限税率が撤廃された。標準税率・制限税率という規制方法は圧縮されたが、法人均等割（市町村税）、法人税割、事業税といった法人課税では残されている。

　超過課税の状況をみると表11（P59）の通りである。道府県民税、市町村税いずれにおいても法人住民税が中心となっており、道府県民税法人税割では静岡県を除く46都道府県で課されている。法人住民税に次いで多いのは市町村の固定資産税であり、超過税率採用自治体は164である。標準税率は1.4％であるが、超過税率は大半が1.4％超1.6％以下である。法人事業税の超過税率採用自治体は8都府県であり、宮城県と静岡県を除くと三大都市圏内の自治体（東京都、神奈川県、愛知県、京都府、大阪府、兵庫県）である。

　注目されるのは地方環境税の導入あるいは地方税の「グリーン化」として住民税や自動車税の超過課税が行われるようになったことである。高知県では森林環境税として個人・法人とも500円を超過課税している。道府県税の所得割で超過税率採用自治体となっている神奈川県でも水源対策を目的としている。自動車税で唯一超過税率採用自治体となっている東京都では、自動車の排気ガス対策を目的としたもので、地方税の「グリーン化」と呼ばれる。一方、市町村税の個人住民税の超過税率採用自治体は少ないが、均等割と所得割の双方で採用している夕張市は財政再建を目的としている。

　「不均一課税」も自主課税の一つである。例えば市町村民税法人税割は234の自治体が、市町村民税法人均等割では7自治体

表11 超過課税の状況

		自治体数	決算額
道府県税	道府県民税：個人均等割	30	155.1 億円
	：所得割	1（神奈川県）	30.6 億円
	：法人均等割	30	80.4 億円
	：法人税割	46	1257.7 億円
	法人事業税	8	1309.9 億円
	自動車税	1（東京都）	4.5（百万円）
	道府県税計		2833.8 億円
市町村税	市町村民税：個人均等割	3	2 百万円
	：所得割	2	24 百万
	：法人均等割	411	151.1 億円
	：法人税割	1024	3060.3 億円
	固定資産税	164	371.7 億円
	軽自動車税	34	5.6 億円
	鉱産税	34	7 百万
	入湯税	2	24 百万
	市町村税計		6423.1 億円

注：1）自治体数は 2009 年 4 月 1 日現在。
　　2）決算額は 2008 年度。
出所：総務省自治税務局「地方税に関する参考計数資料」
　　　2011 年度。

が不均一課税を行っている。

　制限税率が設定されていないにもかかわらず、個人住民税における超過課税率採用自治体はきわめて少ない。同じ所得であっても近隣の自治体の住民よりも税負担が重くなることに対する住民の抵抗が著しく強いことによるのであろう。神奈川県や高知県の地方環境税としての活用にみられるように、実質的な目的税としての導入を工夫する必要があろう。比例税率の所得割について不均一課税が認められていないのは、自主課税の余地を狭めており、改正が望まれる。

5　地方税における「団体自治」の拡大

1　「減税自治体」

　2004年度に地方債許可制度が事前協議制・許可制へ移行するのに伴い、総務大臣または都道府県知事の許可を受ければ標準税率未満で課税することが可能になった。この制度を利用して標準税率未満の住民税を設定しようとする自治体を「減税自治体」と呼ぶ。総務省は「標準税率未満採用団体」と呼んでいる。代表的な減税自治体は名古屋市である。2009年の市長選挙に日本初の市民10％減税をマニフェストに掲げ当選した河村たかし市長が2010年度に実施した。

　2010年4月1日現在の所得割標準税率（6％）未満採用自治体は、名古屋市（2010年度分の税率、5.4％）と半田市（2010年度分の税率、5.6％）である。個人均等割標準税率（3,000円）未満採用自治体も、名古屋市（2010年度分の税率、2,700円）と半田市（2010年度分の税率、100円）である。

　2007年と早い時期に「減税自治体構想」を提唱し、河村たかし現名古屋市長に影響を与えたのは、山田宏前杉並区長であった。前区長の下で杉並区は、2008年3月に減税基金条例が成立し、2009年度当初予算で10億円の積立金を計上し、構想は具体化した。基金の運用益で2020年度から区民税を一律10％軽減（2009年度の見通しでは年収700万円の4人世帯で9万円かかる区民税が約9,000円軽減）する仕組みで、2010年度に約1,500億円を積み立てる目標を掲げた。

　しかし山田前区長は2010年7月の参議院選挙に出馬するために辞職、同月の区長選で基金の見直しを訴えた田中良現区長が当選した。田中区長は2011年度の当初予算で、基金への積

立を凍結した。田中区長は、減税を目的に毎年度予算の一定額を積み立てるよりも、防災や福祉など、直ちに行わなければならないことを優先したいと表明、基金の廃止を検討してきた。田中区長は、減税基金を廃止する方針を決め、2012年2月開会の区議会に基金の設置を定めた区条例の廃止を提案する見通しである（以上、「読売新聞」2012年1月13日付による）。

2　地方税への直接請求の対象範囲の拡大は見送り

　注目されるのは、総務省が地方税における「住民自治」の拡大を志向していることである。1947年制定の地方自治法は、有権者の1/50の署名があれば、内容に関係なく、すべての条例の制定や改廃は首長に請求できるとしていた（「直接請求」）。1948年の改正で地方税や手数料、使用料の徴収は対象から除外された。

　名古屋市の河村市長の減税案を認めない市議会に対し、市長を支持する団体が一足飛びに議会解散の直接請求に踏み切ったようなケースを避けるため、片山総務相（当時）は2010年9月の就任後、「地方自治の原点は税を決めることだ」として除外規定の見直しの検討を有識者会議に指示した。全国知事会が慎重な対応を求める意見書の提出があったが、同会議の除外規定を撤廃すべしとする報告を受けて、地方自治法改正案がまとめられ、2012年1月に招集する通常国会に提案することが目指された。しかし、全国知事会などが安易な減税要求の乱発で地方財政に影響すると反発した。政府の第30次地方制度調査会は、2011年12月15日に提出した意見書で、「減税条例」直接請求の見送りを提案した。

3　地方税の「わがまち特例制度」の導入

　総務省は2012年度から、地方税の軽減措置を自治体が独自に設計できる「わがまち特例制度」を導入する方針を固め、2011年11月1日の政府税制調査委員会に提案した。現行制度では、地方税の軽減措置は国が一律に割合や金額を地方税法で定めている。例えば固定資産税の新築住宅に対する軽減措置を地方税法で通常の「2分の1」と定めている。新制度では、同法で「3分の1から4分の3の間で条例によって定める」などと示す。地方税における「団体自治」を拡充する政策といえよう。

　こうすれば、人口減に歯止めをかけたい自治体が現在よりも手厚く軽減したり、災害に強い街づくりを行う自治体は軽減幅を抑えて災害対策に予算を振り向けたりする、といった自治体独自の政策運営ができるようになる。総務省はこのほか、住宅の省エネ化や高齢者が暮らしやすいバリアフリー化を税制面から支援する使い方などを想定している。2011年12月7日には、都市部の集中豪雨に対する水害対策を促すため、固定資産税の優遇措置に「わがまち特例制度」を導入する方針を固め、国土交通省と最終調整に入った。指定した流域において一時的に雨水を溜める施設を整備した場合の軽減措置について、現行の「3分の2」から「2分の1と6分の5の間で条例によって定める」と改正する。水害対策を急ぐ地域は優遇措置を手厚くし、すでに整備が進んだ地域では優遇措置を縮小することで財源を確保するといった自主的財政運営を促進する。

6 「決算カード」の「道府県税の状況」と「市町村税の状況」を読む

1 「道府県税の状況」

「決算カード」では、真ん中・上部に表12（道府県税 P64）と表13（市町村税 P65）のような「地方税の状況」が記載されている。各税目別の決算額と構成比が分かる。道府県民税のうち個人均等割、所得割、配当割、株式等譲渡所得割の合計が個人住民税であり、K県では44.6％を占める。法人均等割と法人税割の合計が法人住民税で3.8％を占める。法人住民税と法人事業税の合計が法人二税であり、構成比は21.3％で個人住民税の43.8％の1/2に満たない。

自主課税のうち法定外税は普通税と目的税に区分して示されている。K県では法定外普通税（臨時特例企業税）の収入額は625,443千円（構成比0.1％）である。超過課税は「超過課税分」の欄に示されている。K県では、法人二税が11,220,749千円（法人事業税7,265,583千円、法人税割3,955,166千円）が多いが、個人住民税も3,998,505千円（個人均等割1,269,459千円、所得割2,729,046千円）と他の都道府県県よりも大きな収入をあげている。超過課税分は計15,219,254千円で、税収では法定外税を大幅に上回っている。地方税総額に対する超過課税の比率は、最下段の超過課税分計（15,219,254千円）を道府県税計（1,044,774,018千円）で除した値（1.5％）である。

2 「市町村税の状況」

市町村民税のうち個人均等割と所得割の合計が個人住民税であり、F市では42.6％を占める。固定資産税（構成比39.5％）

— 63 —

表12 「決算カード」の「道府県税の状況」―2011年度、K県の例―

道府県税の状況（単位：千円 %）			
区　分	収入済額	構成比	超過課税分
普　通　税	1,039,810,615	99.5	15,219,254
法定普通税	1,039,185,172	99.5	15,219,254
道府県民税	513,292,270	49.1	7,953,671
個人均等割	5,676,482	0.5	1,269,459
所得割	452,460,786	43.3	2,729,046
法人均等割	6,995,564	0.7	―
法人税割	32,543,334	3.1	3,955,166
利子割	9,549,046	0.9	―
配当割	4,052,322	0.4	―
株式等譲渡所得割	2,014,736	0.2	―
事業税	182,980,879	17.5	7,265,583
個人分	19,323,051	1.8	―
法人分	163,657,828	15.7	7,265,583
地方消費税	149,904,802	14.3	―
不動産取得税	25,916,741	2.5	―
道府県たばこ税	15,882,074	1.5	―
ゴルフ場利用税	1,864,141	0.2	―
自動車取得税	15,412,339	1.5	―
軽油引取税	32,972,341	3.2	―
自動車税	100,959,578	9.7	―
鉱区税	7	0.0	―
固定資産税特例	―		
法定外普通税	625,443	0.1	―
目的税	30,421	0.0	―
法定目的税	30,421	0.0	―
狩猟税	30,421	0.0	―
法定外目的税	―		
旧法による税	4,932,982	0.5	―
合　計	1,044,774,018	100.0	15,219,254

と都市計画税（構成比7.5％）を合わせた資産保有課税で47.0％を占める。個人住民税と資産保有課税を合わせると9割と圧倒的割合を占めている。法人均等割と法人税割の合計が法人住民税で4.5％を占めるにすぎない。自主課税のうち法定外税はF市では課されていない。超過課税は法人税割にのみ適

表 13 「決算カード」の「市町村税の状況」―
2011 年度、F 市の例―

市町村税の状況（単位千円・％）				
区　分	収入済額	構成比	超過課税分
普　　　通　　　税	66,855,752	89.7	207,434
法　定　普　通　税	66,855,752	89.7	207,434
市　町　村　民　税	35,097,253	47.1	207,434
個　人　均　等　割	592,720	0.8	―
所　　得　　割	31,135,218	41.8	―
法　人　均　等　割	1,055,692	1.4	―
法　人　税　割	2,313,623	3.1	207,434
固　定　資　産　税	29,447,767	39.5	―
うち純固定資産税	29,336,963	39.3	―
軽　自　動　車　税	288,833	0.4	―
市町村たばこ税	2,021,320	2.7	―
鉱　　産　　税	―	―	―
特　別　土　地　保　有　税	579	0.0	―
法　定　外　普　通　税	―	―	―
目　　　的　　　税	7,703,994	10.3	―
法　定　目　的　税	7,703,994	10.3	―
入　　湯　　税	9,124	0.0	―
事　業　所　税	2,123,497	2.8	―
都　市　計　画　税	5,571,373	7.5	―
水　利　地　益　税　等	―	―	―
法　定　外　目　的　税	―	―	―
旧　法　に　よ　る　税	―	―	―
合　　　　　計	74,559,746	100.0	207,434

Ⅲ　自治体における税金を詳しくみる

用されており、超過課税分 207,434 千円（地方税総額に対する比率は 0.3％）にすぎない。

3　「地方税の状況」から見える自治体の姿

　地方税のうち法定税の収入は、かなりの程度、自治体の区域内および通勤の範囲の区域外の地域経済の動向によって規定される。個人住民税所得割は、常住地ベース（夜間人口ベース）

の就業者数の動向と個人所得水準によって規定される。就業者数に第一に影響を与えるのは社会増減（転入数マイナス転出数）であるが、地域経済が衰退してくると社会減が大きくなる。第二に人口の年齢別分布が逆ピラミッド型になっているので、退職者数が新規就職者数を上回る程度に応じて個人住民税所得割の減少率は大きくなる。この二つの要因は、地域にどの程度、第二次産業と第三次産業が集積しているかによって影響される。第二次産業と第三次産業の集積度は個人所得水準も規定する。

　第二次産業と第三次産業の集積度は、法人住民税、法人事業税、事業税にストレートに反映する。さらに地価水準に大きな影響を及ぼすことを通じて、固定資産税と都市計画税の土地分にも反映する。固定資産税と都市計画税の家屋分も、評価額が高いオフィスが集積していると大きくなる。

　第二次産業と第三次産業の集積度に対して、自治体がコントロールできる余地は非常に狭い。大企業の配置は、グローバルなあるいは全国的な立地選択によって決まるようになっており、製造業では中国、東南アジアなどへの製造現場の移転、個人向けサービス業や公共サービス業を除く第三次産業では本社機能を中心とする業務機能が集積している東京圏への「一極集中」が進んでいる。地域経済では、人口1人当たり地方税収入の自治体間格差を拡大する動きが強まっている。

　一方、法定外税収入や超過課税収入・標準税率未満採用に伴う税収減に現れる自主課税は活発化する傾向にある。

IV 地方税以外の歳入と国との関係

1 国庫支出金

1 自治体向け国庫補助負担金

　国の国庫補助負担金は一般会計だけではなく特別会計にも計上される。支出対象は、地方自治体、特殊法人等、独立行政法人等、民間団体等である。1998年度当初予算額でみると、総額は32兆549億円と巨額で、うち一般会計に23兆6,038億円、特別会計に8兆4,511億円が計上されている。自治体向けは19兆702億円で6割を占める。

　自治体向け国庫補助負担金の推移をみた図5（P69）によると、総額は1998年度の19.2兆円から2003年度の20.4兆円に微増しているが、内訳では公共事業関係が5.9兆円から5.1兆円に減少する一方で、社会保障関係が8.6兆円から11.1兆円に増加するという構成変化がみられる。

　以後、「三位一体の改革」の影響で2006年度に18.7兆円へ減少している。「税源移譲と結びつかない削減」により公共事業関係が2003年度の5.1兆円から4.2兆円に減少するとともに、国庫負担率の1/2から1/3への引下げにより文教・科学振興関係が3.2兆円から2.0兆円に減少した。高齢化などによる自然増（福祉制度の改善によらない歳出増加）に伴い増加を続けて

— 67 —

きた社会保障関係はほぼ横ばいに転じている。社会保障関係の国庫補助負担金では、公立保育所運営費分のように廃止された（一般財源化）ものと、国民健康保険向けや児童手当向けのように存続して国庫負担率を引き下げたものがあるが、いずれも市町村向けの国庫補助負担金を横ばいにさせている。

国庫補助負担金の総額は2006年度の18.7兆円から2008年度の19.1兆円へ再び増加局面に入っている。老人医療向けと介護保険向けの増加により、社会保障関係が11.7兆円から12.4兆円に増加しており、高齢化の影響が現れている。2009年度以降は、リーマン・ショック後の不況による生産年齢層の受給者の急増により、生活保護費負担金の増加が付け加わっている。

2 国庫支出金の内訳

自治体向け国庫補助負担金は地方財政計画では「国庫支出金」と呼ばれる。「国庫負担金」、「国庫委託金」、「国庫補助金」から成る。国庫負担金は国庫支出金の約7割を占めて、中核に位置する。国・自治体相互に密接な関連があり、両者が共同責任をもつべき分野を自治体が実施する場合には、国が経費の全部または一部を負担すべきであるとして、国と自治体の負担のルール（経費の種目、算定基礎、国庫と自治体の負担割合）は法定化された。自治体の負担分は原則として、地方交付税の基準財政需要額に算入することにより、財源保障されている。国庫委託金は、専ら国の利害に関係する事務であるが、自治体が国の委託を受けて執行する事務（国会議員選挙、国勢調査等）について全額国が負担するものである。国庫補助金は、一定の施策を奨励するため特別の必要があるとき又は特に財政援助の必要がある場合に交付されるものであり、予算編成過程

図 5　自治体向け国庫補助負担金等（一般会計＋特別会計）の推移

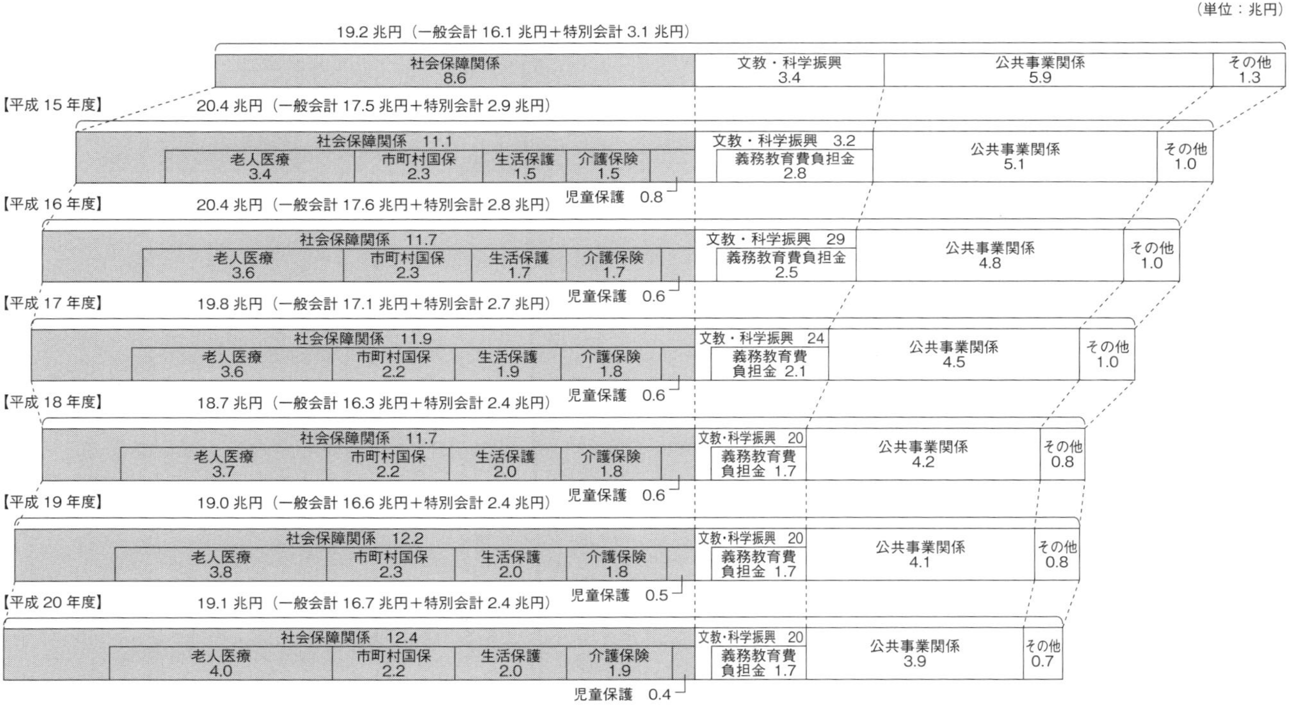
（単位：兆円）
19.2 兆円（一般会計 16.1 兆円＋特別会計 3.1 兆円）
社会保障関係 8.6
文教・科学振興 3.4
公共事業関係 5.9
その他 1.3
【平成 15 年度】
20.4 兆円（一般会計 17.5 兆円＋特別会計 2.9 兆円）
社会保障関係 11.1
老人医療 3.4
市町村国保 2.3
生活保護 1.5
介護保険 1.5
児童保護 0.8
文教・科学振興 3.2
義務教育費負担金 2.8
公共事業関係 5.1
その他 1.0
【平成 16 年度】
20.4 兆円（一般会計 17.6 兆円＋特別会計 2.8 兆円）
社会保障関係 11.7
老人医療 3.6
市町村国保 2.3
生活保護 1.7
介護保険 1.7
児童保護 0.6
文教・科学振興 29
義務教育費負担金 2.5
公共事業関係 4.8
その他 1.0
【平成 17 年度】
19.8 兆円（一般会計 17.1 兆円＋特別会計 2.7 兆円）
社会保障関係 11.9
老人医療 3.6
市町村国保 2.2
生活保護 1.9
介護保険 1.8
児童保護 0.6
文教・科学振興 24
義務教育費負担金 2.1
公共事業関係 4.5
その他 1.0
【平成 18 年度】
18.7 兆円（一般会計 16.3 兆円＋特別会計 2.4 兆円）
社会保障関係 11.7
老人医療 3.7
市町村国保 2.2
生活保護 2.0
介護保険 1.8
児童保護 0.6
文教・科学振興 20
義務教育費負担金 1.7
公共事業関係 4.2
その他 0.8
【平成 19 年度】
19.0 兆円（一般会計 16.6 兆円＋特別会計 2.4 兆円）
社会保障関係 12.2
老人医療 3.8
市町村国保 2.3
生活保護 2.0
介護保険 1.8
児童保護 0.5
文教・科学振興 20
義務教育費負担金 1.7
公共事業関係 4.1
その他 0.8
【平成 20 年度】
19.1 兆円（一般会計 16.7 兆円＋特別会計 2.4 兆円）
社会保障関係 12.4
老人医療 4.0
市町村国保 2.2
生活保護 2.0
介護保険 1.9
児童保護 0.4
文教・科学振興 20
義務教育費負担金 1.7
公共事業関係 3.9
その他 0.7

出所：参議院総務委員会調査室『図説　地方財政データブック』1998 年度版。

等を通じて計上されるので、予算補助とも呼ばれる。いわゆる利子補給、交付金を含め、国庫負担金や国庫委託金に該当しないものは全て、国庫補助金に分類される。

　国庫支出金の内訳は、都道府県と市町村では差がある。2009年度決算をみると、都道府県では普通建設事業費支出金（29.2％）の比率が最も高く、義務教育費国庫負担金（18.7％）が次ぐ（P72 表14参照）。一方、市町村では生活保護費負担金（26.1％）の比率が最も高く、普通建設事業費（17.1％）が次ぐ。「都道府県支出金」は都道府県が市町村に交付する特定補助金であるが、都道府県単独事業の財源となる「都道府県費のみのもの」は44.5％（2009年度）にすぎず、「国庫財源を伴うもの」の方が多い。国庫補助事業のうち、都道府県の負担分が「国庫財源を伴うもの」である。「国庫財源を伴うもの」の一部は都道府県に対する国庫支出金である。国の直接補助では市町村に直接に国庫支出金が交付されるが、間接補助では都道府県費と合わせて都道府県支出金として交付される。

3　国庫支出金の弊害

　国庫支出金は財政面で自治分権を妨げる最大の要因とされてきた。その主なものは次の通りである。
　① 自治体の自主的行財政運営を妨げる。
　② 省庁別の「縦割行政」を支えており、国と地方の行政責任を不明確化する。
　　　横割行政は各行政事務を中央政府・州・自治体など特定の政府レベルに割り当てる方式である。一方、縦割行政は各行政事務を各政府レベルが重複して行う方式である。
　③ 国庫支出金が縦割行政の下で各省庁を通じて配分され、自治体の総合的行政を妨げる。

④　交付に係る手続きのため多くの人員・経費が必要になるといった弊害がある。

　①については、国費を伴う国庫補助事業の内容について国の関与が強く働くといった面だけではなく、自治体の予算の配分に大きな影響を与える点に留意する必要がある。自治体の財政当局は予算編成において、義務教育費や生活保護費のような予算額について自治体の裁量の余地がほとんどない事業費を計上した上で、その他の事業ついては国庫支出金を伴う事業、特に国庫補助負担率が高いか国庫支出金の規模が大きい事業を優先する傾向があるからである。

2　地方交付税

1　「財源不足」と交付団体

　原則として使途が自由な一般補助金であり、自治体間の財政力格差を是正する地方財政調整と全自治体が「標準的行政」（「ナショナル・ミニマム」を達成するための行政）を行うための財源保障の機能を果たす。国税五税の一定割合（交付税率）に国の一般会計加算と特別会計借入金を原資として、「普通交付税」、「特別交付税」として自治体に配分される。

　地方交付税のうち94％が充当される「普通交付税」はルール化された算式に基づき配分されるが、「特別交付税」は災害復旧など普通交付税の基準財政需要額に捕捉されなかった特別の需要があることなどを考慮して配分される。地方交付税の算定方法の簡素化・透明化の一環として、2011年度から特別交付税の割合を段階的に引下げ、普通交付税に移行する。2011年度に5％へ、2012年度に4％に引き下げる法改正を行ったが、東日本大震災の復興財源が膨大となったため、新法は凍結され、

表14 国庫支出金の内訳―普通会計、2009年度決算額―

百万円／％

	都道府県 決算額	構成比	市町村 決算額	構成比
国庫支出金計	8,516,786	100.0	8,215,986	100.0
義務教育負担金	1,592,789	18.7	―	―
生活保護費負担金	137,054	1.6	2,145,579	26.1
児童保護費負担金	137,672	1.6	391,684	4.8
老人保護費負担金	755	0.0	411	0.0
障害者自立支援給付費等負担金	60,706	0.7	567,275	6.9
児童手当交付金	―	―	394,761	4.8
私立高等学校経常費助成補助金	102,780	1.2	―	―
普通建設事業支出金	2,486,400	29.2	1,407,681	17.1
災害復旧事業費支出金	50,318	0.6	18,537	0.2
失業対策事業費支出金	―	―	1,148	0.0
委託金	150,356	1.8	118,694	1.4
財政補給金	4,414	0.1	113,614	1.4
地域活力基盤創造交付金	441,727	5.2	6,779	0.1
特定防衛施設周辺整備調整交付金	―	―	236,595	2.9
電源立地地域対策交付金	85,151	1.0	13,155	0.2
石油貯蔵施設立地対策等交付金	5,601	0.1	36,163	0.4
その他	3,261,064	38.3	―	―

出所：「地方財政統計年報」2011年版。

6％の配分が3年間継続されることになった。

　この特別交付税とは別枠で、「震災復興特別交付税」が設けられた。東日本大震災からの復旧・復興に既成の特別交付税を重点的に配分しても、膨大な復旧・復興に対応するには不十分であるし、他の自治体に影響を及ぼすからである。2012年度当初予算額は6,855億円で、うち年度調整分を除いた5,490億円は、新設される「東日本大震災復興特別会計」（仮称）から国の交付税等特別会計へ繰り入れられる。「東日本大震災復興特別会計」の歳入は「復興債」と「復興特別税」であり、既成の地方交付税の国税原資とは分離されている。

　普通交付税の各自治体への配分額は、「基準財政需要額マイ

ナス基準財政収入額」の算式による「財源不足額」である。基準財政収入額が基準財政需要額を上回る財源超過団体は、地方交付税が配分されない「不交付団体」となる。超過分を交付税原資へ拠出する「水平方式」の財政調整は行っていない。高度成長が終息して安定成長期に移行した1975年度以降、不交付団体数が最大であったのは1986年度であり、都道府県では4都府県、市町村では180市町村であった（P74表15参照）。バブル崩壊後の1993～2005年度とリーマン・ショック後の2009年度以降、都道府県の不交付団体は東京都のみになった。市町村の不交付団体数も1994年度の142に急減した後、2000年度の74とピーク時の4割まで減少した。都道府県では不交付団体が東京都と愛知県の2都県に、市町村では2003年度の114市町村までなだらかに増加した後、2007年度の186市町村とピーク時をやや上回る数まで急速に回復した。市町村における不交付団体数の増加は、輸出主導型景気上昇下の地方税の増加だけではなく、「構造改革」の一環としての地方行財政スリム化を狙いとする地方財政計画と基準財政需要額の削減の影響も受けている。

　主要国における地方財政調整制度は、経済力が低い地域の自治体へ一般財源の交付する制度としてつくられている。日本では最終支出における自治体の高いウエイトと税収配分における地方税のウエイトの乖離があまりにも大きいため、都道府県では大半の、市町村では約9割の自治体が「交付団体」になっている。不交付団体のウエイトの大幅引き上げは困難であると判断している総務省は、「基本方針2006」で不交付団体に居住する人口の全人口に対する比率の引き上げ（例えば約5割）を重視している。「基本方針2003」では、「三位一体の改革を進めることを通じ、不交付団体（市町村）の人口の割合に高めてゆく」とされた。「基本方針2006」では、「例えば人口20万人以

表 15　普通交付税の不交付団体数の推移

	都道府県	市町村	大都市	中核市	特例市	都市	町村
1990	4	167	2			112	53
1995	1	152	2			103	47
2000	1	74	0	1		34	39
2001	1	95	0	1	3	42	49
2002	1	105	0	1	6	46	52
2003	1	114	1	2	8	46	57
2004	1	136	1	4	9	60	62
2005	1	146	1	4	10	65	66
2006	1	169	4	7	13	84	61
2007	1	186	4	7	15	94	66
2008	1	178	6	8	15	86	63
2009	1	152	6	7	15	70	54
	(47)	(1778)	(19)	(41)	(41)	(683)	(994)

注：（　）内は自治体数。
出所：参議院総務委員会調査室『図説　地方財政データブック』2008年度版、「地方財政統計年報」2011年版。

上の市の半分などの目標を定めて、交付税に依存しない不交付団体の増加を目指す」とされた。

　不交付団体（市町村）の人口の割合は、2000年度の25.0％から2004年度の11.5％へ急落した。その後2005年度の18.4％までなだらかに高まった後、2006年度には一挙に25.9％へ急上昇し、2008年度には25.9％と3割に近づいた。しかしリーマン・ショック後の不況に伴う地方税の減少により、2009年度の不交付団体数は152市町村に減少し、人口割合も低下しており、中期的にみても5割に到達する見込みはない。2009年度の都市類型別の不交付団体の割合は、政令指定都市で31.5％、中核市で17.1％、特例市で36.6％、一般市で10.2％にとどまっている。

　政令指定都市や中核市などでは、道府県事務の一部が移譲されても、地方税の移譲は行われず、移譲事務に係る所要一般財

源が基準財政需要額に上積みされるにすぎないので、不交付団体の割合は低い。2009年度以降の地方税の減少を考慮に入れると、20万人以上都市の半分という目標の達成は中期的にみても見込みがない。都市への税源移譲を中心とした都市税源の拡充が行われないと、中規模以上の都市においても大半が交付団体という日本の特徴は解消されない。

　財政指標では、基準財政需要額を基準財政収入額で除した数値を財政力指数という。当該年度を含む過去3カ年度の算術平均値を使う。値が大きい程人口一人当たり留保財源が大きいために、標準的行政を超えた自主的行政の財源的余地が広い。「決算カード」では、右下の財政諸指標の欄に記載されている。

2　基準財政需要額と「補正係数」

　基準財政需要額は各自治体が標準的行政を実施するのに必要な一般財源額を算定したものである。2007年度からは算定方法の抜本的な簡素化を図るため「新型交付税」が導入され、費用を従来の「個別算定経費」と新型の「包括算定経費」に区分している。

　個別算定経費では、土木費、教育費、厚生労働費、産業経済費、公債費といった費目別に「測定単位」が決められ、測定単位の数値に「単位費用」を乗じ、さらに自治体の特殊事情を反映させるための「補正係数」を乗じて求められる。単位費用は、道府県では人口170万人、面積6,500km^{2}の自治体、市町村では人口10万人、面積160km^{2}の市を標準団体として想定して、測定単位（学校教育費では教職員数、生徒数）1単位当たりの一般財源必要額を算定したものである。

　単位費用は全ての道府県または市町村に同一のものが適用されるために、各自治体の自然的・社会的条件の差や都市規模に

よる事務処理権限の差（政令指定都市、中核市、特例市、一般市の差など）による行政コストの差については、その差の生じる理由ごとに、測定単位の数値を割増し、割落とす方法がとられている。これが補正係数である。

　主な補正係数としては「段階補正」がある。「規模の利益」が働いて人口1人当たり行政コストは人口が多い自治体ほど小さくなる傾向がある。人口規模が小さい自治体は人口1人当たり行政コストが大きくなるので、基準財政需要額を割り増しするのを「段階補正」という。逆に人口が多く、都市度が高いほど行政コストが大きくなる経費（消防費など）がある。

　都市度など自治体の態容の差による行政コストの差を基準財政需要額に反映させるのが「態容補正」である。普通態容補正、経常態容補正、投資態容から成る。普通態容補正は行政の質量差や権能差を反映させるもので、使われる地域区分を「種地区分」という。種地区分は級地区分とともに都市化の程度を表す。生活圏域の中核都市を甲地、その周辺都市を乙地とし、人口集中度、経済構造等で細分している。「決算カード」では右上の市町村類型の下に種地区分が記載されている。例えばF市の場合、市町村類型は「Ⅳ─3」、種地区分は「1─7」と記載されている。

「事業費補正」は自治体の建設事業の主に公債費または事業費を土木費、教育費など各費目に割増計上する。バブル崩壊後の景気対策として自治体を公共投資拡大に動員する際に、有力な手段になった。事業費補正が適用される地方債を起こしても、その元利償還金の一部が基準財政需要額に算入されることから、自治体では地方交付税で補填されると考えた。他の需要額とは異なり、事業実績が需要額の増額に直結するので、一般財源としての地方交付税の「補助金化」の典型として強く批判されてきた。

1990年代末から交付税改革の一環として、無駄な「箱物」造りにつながったとされる単独事業債を中心に、事業費補正は厚縮されている。例外は「平成の大合併」を促進するための「合併特例債」の導入と拡大である。2000年代に入って生じた事態は、事業費補正による基準財政需要額の増加が、他の需要項目の需要額の大幅な削減により相殺され、地方交付税総額が圧縮されたことである。公債費の地方交付税による補填は「錯覚」にすぎなかったのである。

3　基準財政収入額と留保財源

　基準財政収入額には、法定税（法定目的税の都市計画税、入湯税などを除く）を標準税率で徴収した収入（標準税収入という）の見込額、地方法人特別譲与税、減収補てん特例交付金、市町村では税交付金の75％と地方譲与税（地方法人特別譲与税を除く）、交通安全対策特別交付金の100％が算入される。

　基準財政収入額の算定に際して、標準税収入の75％が算入されるが、残りの25％分を「留保財源」という。標準税収入の100％を算入しないのは、自治体が企業誘致や住民流入のための施策を通じて地方税増収を図るインセンティブをなくさないためといわれている。100％算入すると財源不足額が縮小し、地方税の増収分が普通交付税の減額によって相殺される可能性が高い。留保財源は、法定外税の導入や超過課税の実施による税収とともに、標準的行政を超えた自治体の自主的行政の財源的基盤となる。

4　「新型交付税」

　「新型交付税」は普通交付税の算定が複雑で透明性に欠けると

いう批判に応えて、2007年度から算定方法の抜本的簡素化を図り、地方交付税の予見性を高める狙いで導入された。地方行政に関する費用を従来型の「個別算定経費」と新型の「包括算定経費」に区分し、包括算定経費については人口と面積を基本とする簡素な基準により算定されている。

　従来型の算定方法による算定項目のうち、「国の基準付けがない、あるいは弱い行政分野」（基準財政需要額の1割程度）の算定経費について包括算定経費を導入した。従って福祉、教育など国の基準付けがある行政分野に係る財政需要は、現行の枠組みの中で算定される。国の関与の縮小に対応して、包括的算定の規模を順次拡大させ、全体の1/3程度を目指すこととされている。

　包括算定経費は、投資的経費のうち変動額が財政運営に大きな影響を与えることになる「道路橋りょう費」、「港湾費」については従来型の個別算定経費とし、①それ以外の投資的経費、②経常経費のうち自治体の内部管理費、地域振興関係経費等の基準付けが弱い経費である「企画振興費」および「その他の諸費」を統合して、包括的経費とする。以上により算定項目数は従来型と比較して3割減となる。

　算定方法は、人口規模のコスト差を反映した「人口」（都道府県では人口170万人、市町村では人口10万人を1,000とし、それを下回るごとに逓減、上回るごとに逓増させた指数を使う）に単価を乗じた金額と土地利用形態のコスト差を反映した「面積」（宅地を1.00とし、都道府県では耕地2.87、林野0.67など、市町村では田畑0.90、森林0.25といった指数を使う）に単価を乗じた金額の合計を基準財政需要額とする。併せて①離島、過疎など条件不利地域への対応と②行革インセンティブ、地域振興等の課題への対応などのための仕組みを確保するため、これらの配慮が必要な経費を抜き出し、新たな算定項目として

「地域振興費」を算出した。地域振興費では、へき地・離島、寒冷地、合併、行政インセンティブ、基地、地域手当、目的財源（事業所税等見合いの財政需要）などの要素に関連する財政需要が算入される。

調整されない人口と面積を使って算定する極端に簡素化された算定方式では、面積が広大な北海道の基準財政需要額が大幅に増加するといった激変が生じる。包括算定経費の制度設計では、自治体の財政運営に支障が生じないよう変動幅を最小限にとどめることを基本とした、そこで上記のような複雑な算定方式を採用することになり、特に地域振興費の需要額の算定は複雑であり、透明度が高いとはいえない。

5　地方交付税の総額

中央政府から地方政府へ財源を交付する「垂直方式」の地方財政調整制度では、その原資と総額をどのように決めるかについて、いくつかの方式がある。一つは国税リンク方式であり、国税の一定割合の範囲内に原資総額を限定し、財政力調整のみを行う制度である。オーストラリアでは中央税の付加価値税総額が原資総額となる。韓国の地方財政調整制度は日本の地方交付税を移入した制度であるが、国税原資を総額をほぼ限定している制度である。毎年度の予算編成で原資総額を決定するのが第二の方式であり、その総額の算定基礎があるケースとないケースがある。シャウプ勧告による平衡交付金では、建前としては各自治体の財源不足額の合計が地方交付税の総額とされていた。実態としては、平衡交付金の総額は毎年度の予算で決められることになり、大蔵省の値切りによる大幅削減が行われ、自治体側が強く反発した。

地方交付税の原資は国税の一定割合とされており、その割合

を交付税率という。平衡交付金が1954年度には総額を国税にリンクした地方交付税に切り替えられた。当初の交付税率は本則で国税三税（所得税、法人税、酒税の国税三税）の22％であったが、1966年度の32％まで引き上げられ、1988年度まで据え置かれた。その後、消費税とたばこ税が加えられ、1989年度以降国税五税が原資となっている。現行の交付税率は所得税・酒税32％、法人税34％、消費税29.5％、たばこ税25％である。

　第一次石油危機による高度成長が終息すると、国税と地方税の大幅な税収減退により、1975年度以上、財源不足額は巨大になり、既定の交付税率による国税原資では大幅に不足する事態になった。この場合、地方交付税では交付税率を引き上げることになっているが、大蔵省は国も大幅な財政赤字であるとして、これに応じなかった。バブル好況の前後を除いては国税原資では不足する状態が恒常化した。そこで採られた主な財源対策は次の通りである。

① 　投資的経費を中心に基準需要額の一部を削減し、「起債充当率」を引き上げる方法で建設地方債に振り替える。建設地方債の起債充当率の引き上げ分は「財源対策債」と呼ばれる。財源対策債の元利償還金は後年度に100％基準財政需要額に算入される。

② 　不足する額は、1975年度以降、交付税特別会計の借入金（「特会借入金」）で埋め合わせることとし、その償還を国と地方が折半して負担することとされた。同借入金が累積したことから、1984年度以降、原則として新たな借入は廃止することとした。

　バブル崩壊後、1994年度から当初予算段階からの特会借入が復活した。2000年度末には借入金残高（地方負担分）が26兆円を超え巨額に及んだことから、減税分を除

いた通常収支分については、借入額を2001年度に1/2、2002年度には1/4に縮小し、2003年度に廃止した。
③　一般会計で交付税原資を加算する。
　　地方交付税法付則による加算以外に特例加算・別枠加算がある。1984年度に交付税特会借入が廃止されると、代替措置として一般会計加算が行われた。2001年度以降の交付税特会借入の圧縮・廃止の代替措置として、国は臨時財政対策特例加算を行っている。さらに税制の抜本改正までの措置として別枠加算を行っている。
④　2001年度以降の交付税特会借入の圧縮・廃止の代替措置として、地方は赤字地方債としての「臨時財政対策債」（臨特債）を発行している。臨時財政対策債の元利償還金は後年度に100％基準財政需要額に算入される。臨時財政対策債は経常一般財源である。
⑤　財源不足のうち国の減税政策によるもの（減税分）については、地方税法第5条の例外として、赤字地方債の「減税補てん債」を発行する。臨時財政対策債と同様に後年度に元利償還金が100％基準財政需要額に算入される。

　①と③を合わせた額が一般会計から交付税等特別会計へ繰り入れられるが、これを「入口ベース」の地方交付税という。交付税特別会計ではこれに②を加え、過去の特別会計借入金の元利償還金を控除した額を自治体に交付する。これを「出口ベース」の地方交付税という。2011年度当初予算でみると、入口ベースの地方交付税は16兆3,969億円、出口ベースの地方交付税は17兆3,734億円である。

　地方交付税総額（当初予算ベース）は2000年度の21兆4,107億円まで拡大してきたが、2000年代に入ると小泉政権の「小さな政府」指向の「構造改革」の一環としての「地方行財政スリム化政策」により、削減されることになった。特に

2004年度には前年度の18兆693億円から16兆8,861億円に1兆1,832億円削減された。その後も2007年度の15兆2,027億円へ削減が続けられ、2001年度以降の削減規模は6.2兆円に達した。自公政権末期から民主党政権下では、地方の疲弊、地域の医療・福祉といった公共サービスの劣悪化は放置できないものとなり、地方交付税は増額に転じた。しかし2011年度の17兆3,734億円は、ピークの2000年度の8割の規模にとどまっている。地方交付税総額は増額に転じたとはいえ、その財源基盤は安定的なものではない。税制の抜本的改正までの一般会計「別枠加算」などで対応しているが、「社会保障・税の一体改革」では、地方交付税原資を安定化させる措置が盛り込まれていないからである。

3 「一括交付金」と地方交付税

1 個別補助金と「包括補助金」

　国から地方への財政移転のうち使途が限定された特定補助金は、「条件付き補助金（個別補助金）」と「包括補助金」から成る。包括補助金は補助対象を個別に特定することはせず、補助目的を比較的広い範囲でとらえ、その具体的使途は自治体の裁量に委ねる補助金である。1980年代のアメリカのレーガン政権下では、地方分権を進めるために包括補助金化が進められた。

　日本においても、2000年代には地方分権を進めるために、包括的補助金が導入された。例えば2002年施行の都市再生特別措置法に基づき、まちづくり交付金が創設された。

　2010年度には国土交通省が社会資本整備総合交付金を創設した。これらは各府省の枠内で使途が幅広いタイプである。2005年施行の地域再生法に基づき創設された地域再生基盤強

化交付金は、予算の窓口を内閣府とする国土交通省、農林水産省、環境省の横断的な補助金であり、府省の枠を超えて使途が広いタイプである。

2 「一括交付金」

　民主党政権の「地域主権」改革の地方財政レベルの中心が「一括交付金」の創設である。2009年衆議院選挙における民主党のマニフェストで、地域主権の一環として、社会保障、義務教育を除く、国のひも付き補助金を一括交付金化するとした。民主党の政権獲得後の条件付き補助金の包括補助金化は、「一括交付金化」と呼ばれるようになった。一括交付金化は2011年度予算における「地域自主戦略交付金」「沖縄振興自主戦略交付金」として具体化した府省の枠を超えて使途が広いタイプの包括補助金である。2011年度は第1段階として都道府県分を対象に、投資補助金の一括交付金化を進め、市町村分は2012年度から実施するとされた。

　対象事業（都道府県分）は、社会資本整備総合交付金の一部、農山漁村地域整備交付金の一部、学校施設環境改善交付金の一部、交通安全施設整備費補助金の一部、自然環境整備交付金の一部、水道施設整備費補助、工業用水道事業費補助、環境保全施設整備費補助金、消防防災施設整備費補助金である。2011年度予算額は5,120億円で、都道府県の普通建設事業向け国庫支出金（2009年度普通会計決算額1兆7,792億円）の3割弱の規模である。

　内閣府予算に計上された地域自主戦略交付金は、まず客観的指標に基づき自治体に配分される。継続事業に配慮し、客観的指標による配分は初年度は1割程度とし、その後順次拡大する。次に自治体は上記の対象事業から、各府省の枠にとらわれず、

事業の自主的に選択する。各自治体が選択した事業費は内閣府から各府省に移し替えて交付される。

　2012年度には一般交付金の規模を今年度の倍となる1兆円に拡大し、配分先を市町村に拡大するとしていたが、規模は、地域自主戦略交付金6,754億円、沖縄振興自主戦略交付金に代わって新設される「沖縄振興一括交付金」(仮称)1,574億円の計8,148億円に抑えられた。後者のうち803億円はソフト事業などに充当される沖縄振興特別調整交付金であり、公共事業向けひも付き補助金から振り替えられたのは沖縄振興公共投資交付金771億円である。公共事業費関係の一括交付金のみをとると7,525億円であり、予定した1兆円の3/4にとどめられている。対象拡大は政令指定都市に限定された。川端総務相は、地域によって事業量などに大きな差があるため、市町村間で配分額に不公平が生じており、全国市長会の慎重に検討してほしいという意見を踏まえたと説明している。地域自主戦略事業の対象事業は、2011年度の8府省9事業から8府省18事業に拡大されている(以上、一括交付金の2012年度予算については、浅羽隆史「実質増額に転じた公共事業関係費」『生活経済政策』2012年2月号(特集：2012年度政府予算の分析と課題)による)。

3　一括交付金と地方交付税との差

　「三位一体の改革」では、国庫支出金の一般財源化(基準財政需要額への算入)と税源移譲が課題とされたが、国の省庁の廃止への抵抗により、廃止ではなく国庫補助負担率の引下げが中心となった。民主党政権下では、省庁の抵抗が一般財源化よりも弱い国庫支出金の枠内での改革が中心になっている。ひも付き補助金の一括交付金化により、自治体の自由裁量が拡大する

としている。

　事業の選択について、自治体の裁量が大きくなるのは確かである。しかし国庫支出金の弊害のうち個別事業への省庁による関与は残る。第2段階で自治体の事業選択が終了した後、第3段階で予算が内閣府から各省庁へ移し替えられるからである。一括交付金の手続きが各省庁から受け入れられる方式を採ったことにより、各事業の内容について省庁の関与がなくなるかどうかは疑問である。自治体の予算配分へ影響を及ぼすという弊害も残る。

　分権化という目標からみれば、地方の裁量が決定的に拡大する「一般財源化」と比較すると、「一括交付金化」の方が効果は小さい。自治体の行財政運営の自由裁量よりも問題なのは、国の財源保障機能への影響である。地方交付税の役割である財源保障機能が一括交付金では果たされない。予算補助としての一括交付金では、規模の算定基礎が与えられず、国の財政事情により削減可能であるからである。一括交付金から一般財源へという改革のステップは想定しにくい。むしろ一括交付金化したから国庫支出金の弊害が大幅に除去されたとして、一般財源化と税源移譲にブレーキがかけられる可能性がある。

4　地方債

1　地方債許可制度から地方債事前協議・許可制度へ

　地方債発行について、2000年4月1日に施行された「地方分権一括法」により許可制度は2005年度をもって廃止され、2006年度から事前協議制度へ移行している。許可制度が残っているので、正確には地方債協議・許可制度に移行したと表現した方がいい。地方債を発行する場合、都道府県・政令指定都

市は総務大臣に、市区町村は都道府県知事に協議しなければならないが、その同意をえない場合でも、議会への報告の上、地方債を発行することができる。

　自治体は、協議において同意を得た地方債についてのみ、「公的資金」を借り入れることができるほか、同意を得た地方債の元利償還金は地方財政計画に算入されることになり、マクロで財源保障される。また地方債を財源とすることができる事業範囲の明確化、同意等基準（質的基準）及び地方債計画（量的基準）の法定化・公表などにより、制度及び運用の透明性を高めた。

　事前協議制度へ移行した後も、以下の場合には、例外的に国の関与の特例として許可が必要である。

① 　一定以上の実質赤字額を生じた自治体。実質公債費比率が一定水準以上の自治体。
　　　資金不足比率が一定以上の公営企業が地方債を発行する場合。
② 　普通税の税率のいずれかが標準税率未満である自治体が建設地方債を発行する場合。

　前述した通り、②の規定により、許可制の下で自治体が標準税率未満で課税することが可能になった。①の起債許可に入る基準として「実質公債費比率」が採られている。

2　地方債でわかる自治体の評価

　地方債許可制の下では1997年度以降、「起債制限比率」（3カ年度算術平均）が採られ、18％を超えると起債制限を受けてきた。起債制限比率の算式の基本は、公債費充当一般財源額を標準財政規模で除した値であるが、分母と分子から基準財政需要額に算入された元利償還金を控除する。元利償還金の基準財

政需要額への算入方式としては、①臨時財政対策債、減税補てん債、財源対策債、過疎地域対策事業債、災害復旧対策事業債のように需要項目「公債費」に「単位費用」方式で算入されるものと②特定の一般単独事業債、下水道債、学校債のように「事業費補正」で該当する需要項目に算入されるものがある。起債制限比率の前に使われていた「公債費比率」は分母・分子から①のみを控除していた。

　実質公債費比率の算式は基本的には起債制限比率と同一であるが、分子に元利償還金（繰上償還分、借換債を財源に償還した分、満期一括償還地方債の元金償還分などを除く）に準元利償還金を加算する点で差異がある。準元利償還金は、一般会計が繰出金等で負担する公営企業債の償還金、一部事務組合等への負担金・補助金のうち地方債の償還に充当されたもの、債務

図6　地方債事前協議・許可制度における指標と起債制限の基準

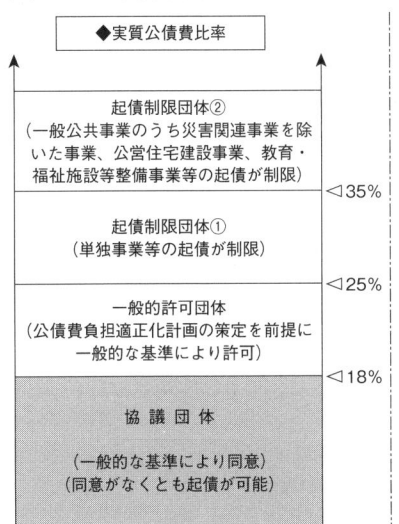

◆実質公債費比率

起債制限団体② （一般公共事業のうち災害関連事業を除いた事業、公営住宅建設事業、教育・福祉施設等整備事業等の起債が制限）	◁35%
起債制限団体① （単独事業等の起債が制限）	◁25%
一般的許可団体 （公債費負担適正化計画の策定を前提に一般的な基準により許可）	◁18%
協　議　団　体 （一般的な基準により同意） （同意がなくとも起債が可能）	

◆赤字基準

○実質収支において一定以上の赤字額が生じた団体は許可団体とする。

※「決算収支の赤字の水準」を測る指標は、地方財政再建促進特別措置法（再建法）で起債の制限を行う場合に用いる指標と同様の比率を用いる。

○赤字額の算定方法
　（前年度の歳入総額－前年度の歳出総額）
　　　　　　　　　　－翌年度に繰り越すべき財源

○一定以上の赤字額
　標準財政規模の額に応じて、その 2.5% から 10% の間で段階的に設定

・都道府県、政令市及び標準財政規模
　500 億円以上の市
　　→標準財政規模の 2.5%
・標準財政規模 200 億円の市町村
　　→標準財政規模の 5%
・標準財政規模 50 億円以下の市町村
　　→標準財政規模の 10%

○赤字公営企業
　営業収益に対する赤字額（資金不足額）が 10% 以上

出所：参議院総務委員会調査室『図説　地方財政データブック』2008 年度版。

負担行為に基づく支出のうち適債性のある経費の支出及び利子補給費の支出、一時借入金利子などが含まれる。それに伴い分母と分子から差し引かれる基準財政需要額に算入された元利償還金にも、準公債費分が加算されることになった。実質公債費比率は一般会計の公債費負担を公営企業、一部事務組合、PFI事業に係る負担や一時借入金負担まで含めて広くとることにより、真の負担を明らかにしようとする指標である。

　公債費負担を示す財政指標としては、公債費負担比率がある。公債費に充てられた一般財源等の一般財源等総額に対する比率である。後に示す「性質別歳出」の状況の横欄の財源内訳のうちの「充当一般財源等」の公債費の金額を先にみた「歳入一般財源等」で除した値である。15％が警戒ライン、20％以上が危険ラインといわれる。実質公債費比率と比較すると、元利償還金の公債費算入分の分母・分子からの差し引きを行わないので簡素というメリットがあるが、分子に準元利償還金を含まない点では真の公債費負担を示さないという限界がある。

　実質収支では歳入総額に地方債を含んでいないので、黒字であっても財政が健全であるとは言い切れない。実質公債費比率と公債費負担比率に着目して、比率が高すぎないか注視する必要がある。

3　「一般的許可団体」への移行基準

　前述②（P86）の起債制限は、「一般的許可団体」への移行と呼ばれ、「地方財政健全化法」に基づく「起債制限団体」とは区別される（P87図6参照）。第一の指標である実質公債費比率（3カ年度の算術平均）が18％を超えると、一般的許可団体に移行し、「公債費負担適正化計画」を策定して、始めて一般的基準により地方債の発行が許可される。

表16 「決算カード」における「収支状況」―2011年度―

K県の例

区　分	平成21年度（千円）	平成20年度（千円）
歳　入　総　額	1,883,049,276	1,806,770,487
歳　出　総　額	1,871,977,391	1,795,772,804
歳　入　歳　出　差　引	11,071,885	10,997,683
翌年度に繰り越すべき財源	7,397,546	6,875,365
実　質　収　支	3,674,339	4,122,318
単　年　度　収　支	−447,979	−620,160
積　立　金	2,139,594	2,514,148
繰　上　償　還　金	―	―
積　立　金　取　崩　し　額	16,073	―
実　質　単　年　度　収　支	1,675,542	1,893,988

F市の例

区　分	平成21年度（千円）	平成20年度（千円）
歳　入　総　額	133,990,929	128,915,860
歳　出　総　額	126,846,797	120,977,981
歳　入　歳　出　差　引	7,144,132	7,937,879
翌年度に繰越すべき財源	1,644,916	1,877,185
実　質　収　支	5,499,216	6,060,694
単　年　度　収　支	−561,478	−634,005
積　立　金	27,669	339,765
繰　上　償　還　金	―	―
積　立　金　取　崩　し　額	600,000	―
実　質　単　年　度　収　支	−1,133,809	−294,240

　第二の指標である実質収支については、地方財政統計では財政収支概念が独特である点に留意する必要がある。一般に財政収支という場合、収入に借金としての公債を含まない。2010年6月に閣議決定された「財政運営戦略」で、財政再建目標として「基礎的財政収支」を遅くとも2015年度までに2010年度比で半減、2020年度までに黒字化と設定した際も、収入からは国債収入が（支出からは国債費が）除かれている。

　これに対して普通会計決算の財政収支の収入には地方債が含まれる。歳入総額マイナス歳出総額の算式で「歳出歳入差引

（形式収支）」が算出される。歳入総額には地方債が含まれており、「決算カード」では右上の「収支の状況」に示される（P89 表 16 参照）。K 県の場合、歳入総額は 1,883,049,276 千円で、表 3（P27）の「歳入の状況」の歳入合計と同額である。F 市の場合、歳入総額は 133,990,929 千円であり、表 4（P28）の「歳入の状況」の歳入合計と同額である。歳入歳出差引から「翌年度に繰り越すべき財源」を控除すると「実質収支」になる。

　実質収支を標準財政規模で除した値が実質収支比率であり、総務省では 3～5％程度を望ましいとしている。実質収支赤字比率の「一般的許可団体」への移行基準（赤字基準）は、標準財政規模によって異なっており、図 6（P87）の通りである。

4　「届出制」の導入と「協議不要対象団体」

　2010 年 12 月 27 日、菅内閣は地域主権戦略会議で、国が法令によって自治体の仕事を一律に縛る「義務付け・枠付け」の見直し法案の概要を示したが、その一環として総務省との協議が必要な地方債発行を一定条件の下で届出制にすることも含まれた。地方財政法の一部改正案の成立により、地方債の事前協議・許可制に届出制が導入された。

　次の基準を満たした自治体は「協議不要対象団体」と呼ばれ、「公的資金」以外の資金を以て地方債を発行する場合には、予め地方債の起債の目的、限度額、起債の方法、資金、利率、償還の方法、その他政令で定める事項を総務大臣又は都道府県知事に届け出なければならないが、事前協議を要しない。

　「協議不要対象団体」の要件が政令で定める基準未満の自治体とされているが、基準の数値は政令ではまだ示されていない。この基準をクリアした自治体であっても、地方財政健全化法に

基づく指標としての「実質赤字額」、「連結赤字比率」、「将来負担比率」が政令で定める数値を超える自治体は従来通り事前協議が必要とされているが、基準の数値はまだ示されていない。また協議した地方債、届出した地方債、許可を得た地方債の合計額が政令で定める額（「協議不要基準額」）を超えないことも「協議不要対象団体」の要件である。

　完全に届出だけで済むのは、上記の基準をクリアし、公的資金に一切依存しない自治体だけであるから、ほとんどない。国による地方債の起債統制は、完全に廃止されたわけではなく、自治体財政の健全度と公的資金への依存度に応じて緩和された。地方債の起債統制は、許可制→事前協議・許可制→届出制・事前協議制・許可制へ移行してきたことになる。

5　「地方債計画」と地方債充当率

「地方債計画」は毎年度総務省が策定する地方債発行に関する年間計画であり、「地方債の同意（許可）」の基準としての役割を果たしている。自治体にとって重要なのは、地方債の所要額と原資との調整を図った上で、地方債の原資を事業別に予定し、資金供給先別の内訳を示していることである（P93 表17 参照）。

　資金内訳は公的資金と民間等資金に区分されている。2002年度の財政投融資改革まで、公的資金は政府資金と公営企業金融公庫から構成されていた。政府資金としての資金運用部資金は、郵便貯金や厚生年金などの公的年金の積立金が財務省の資金運用部へ強制預託され、財務省により公団・事業団・公庫等と自治体に一括運用されていた。政府資金は償還期間が長い、金利が低いという点で自治体では民間等資金よりも好まれた。バブル崩壊後の民間資金等の急速な金利低下により発行時点での金利上のメリットはなくなったが、低金利下で長期固定金利

で発行できるため、将来金利が上昇してもすでに発行した地方債（既発債）については低金利が維持されるというメリットがある。

　2002年の財政投融資改革により、郵便貯金や公的年金積立金の資金運用部への強制預託制は廃止となり、金融市場で自主運用されるようになった。財務省は国債の一種である「財投債」を金融市場で発行して資金を調達、縮小した規模で運用するようになった。財投債の発行により調達した資金は財政融資資金特別会計で経理されるので、政府資金は主に「財政融資資金」から構成されるようになった。

　財政力が弱い自治体にも地方債資金が流れるようにするためには、「共同発行機関」としての「地方金融公庫」の設置が必要である。一般会計債を融資対象とすることに対する大蔵省の抵抗により、公営企業債に融資対象を限定した政府金融機関として1957年度に設置されたのが「公営企業金融公庫」である。1970年代後半の不況対策の一環として臨時地方道整備事業などの（臨時三事業）については一般会計債も引き受けるようになった。金融債の発行により資金を調達するが、政府保証を受けるため、「政府保証債」として財政投融資資金に含まれた。「官から民へ」をスローガンとした小泉政権による政府金融機関の民営化・統廃合と貸付規模の圧縮を柱とする政策金融改革において、公営企業金融公庫は1998年10月に廃止された。その機能を継承するものとして全自治体の出資による「共同発行機関」として設置されたのが「地方公共団体金融機構」である。全自治体の出資のほか、金融市場で発行される金融債としての地方金融公庫債（政府保証のない一般担保付公募債）、地方公務員共済組合が引き受ける「縁故債」の発行により資金調達を行い、貸付を行っている。

　民間等資金は「市場公募地方債」と「銀行等引受資金」から

表17　2011年度地方債計画資金区分

億円/%

	合計	公的資金 計	財政融資資金	地方公共団体金融機構資金	計	市場公募	銀行等引受資金
合計	137,340	56,240	37,310	18,930	81,100	42,000	39,100
	(100.0)	(40.9)	(27.2)	(13.8)	(59.1)	(30.6)	(28.5)
一　一般会計債	48,267	16,710	12,102	4,608	31,557	15,405	16,152
	(100.0)	(34.6)	(25.1)	(9.5)	(65.4)	(31.9)	(33.5)
うち公共事業債等	19,980	7,870	6,565	1,305	12,110	7,854	4,256
	(100.0)	(39.4)	(32.9)	(6.5)	(60.6)	(39.3)	(21.3)
一般単独事業債	16,300	2,983		2,983	13,317	5,765	7,552
	(100.0)	(18.3)		(18.3)	(81.7)	(35.4)	(46.3)
うち一般	4,539	224		224	4,315	2,575	1,740
	(100.0)	(4.9)		(4.9)	(95.1)	(56.7)	(38.3)
旧合併特例債	7,800	1,861		1,861	5,939	1,098	4,831
	(100.0)	(23.9)		(23.9)	(76.1)	(14.1)	(61.9)
辺地及び過疎対策事業債	3,112	2,762	2,762		350		350
	(100.0)	(88.8)	(88.8)		(11.2)		(11.2)
二　公営企業債	71,547	31,480	19,450	12,030	40,067	20,007	20,060
	(100..0)	(44.0)	(27.2)	(16.8)	(56.0)	(28.0)	(28.0)
うち水道事業	3,674	3,299	1,787	1,512	375	263	112
	(100.0)	(89.8)	(48.6)	(41.2)	(10.2)	(7.2)	(3.0)
地域開発事業	1,567				1,567	1,119	448
	(100..0)				(100.0)	(71.4)	(28.6)
下水道事業	11,859	7,797	3,842	3,955	3,862	1,667	2,195
	(100.0)	(65.7)	(32.4)	(33.4)	(32.6)	(14.1)	(18.5)
三　公営企業借換債	300	300		300			
	(100.0)	(100.0)		(100.0)			
四　臨時財政対策債	61,593	24,460	17,860	6,600	37,133	21,993	15,140
	(100.0)	(39.7)	(29.0)	(10.7)	(60.3)	(35.7)	(24.6)
五　退職手当債	3,900				3,900		3,900
	(100.0)				(100.0)		(100.0)

注：（　）内は各地方債の資金区分別構成比。
出所：地方債研究会編『事業別地方債実務ハンドブック』2011年度版、ぎょうせい。

成る。市場公募地方債は起債市場で公募する地方債であり、「全国型市場公募地方債」と「住民参加型公募地方債」から成る。全国型市場公募地方債は、取り扱う金融機関の便宜上、1回当たり発行規模（ロットと呼ばれる）が一定以上であることを求められるため、総務省が認めた自治体のみが発行できる。

発行が認められている自治体は 1972 年度までは東京都、大阪府、兵庫県、5 つの政令指定都市の 8 自治体であったが、2008 年度現在 49 自治体となっている。一定のロットを確保するため、2003 年から複数の自治体による「共同発行市場公募債」が発行されている。「住民参加型公募地方債」は地域住民等を購入対象者とするもので、2002 年から発行されている。

　銀行等引受資金は、財政融資資金、地方公共団体金融機構資金、市場公募地方債資金、国の予算等貸付金以外の資金によって起こされる地方債の総称であり、以前は縁故債と呼ばれていた。

　地方債資金区分（当初計画）の推移をみると、1993 年度には政府資金は 55.1％と 5 割を超え、これに公庫資金（14.1％）を合わせた公的資金が約 7 割、民間等資金が約 3 割（うち公募市場債 8.5％）という構成であった。2002 年度には政府資金の比率は 46.9％へ低下したが、公庫資金（11.5％）を合わせた公的資金は 57.5％と 6 割弱を占めていた。その後は財政投融資改革の影響で政府資金の比率は低下し、2011 年度には 27.1％になっている。地方公共団体金融機構資金（13.8％）を合わせた公的資金の比率も 40.9％まで低下し、公的資金約 4 割、民間等資金約 6 割という構成になった。民間等資金のうちでは市場公募債の比率が大幅に上昇し、2011 年度には 30.6％と銀行等資金（28.5％）を上回るようになっている。

　事業別にみると（P93 表 17 参照）、財政融資資金が大半を占めるタイプ（公営企業債のうちの水道事業は約 9 割、辺地及び過疎地域対策事業債は約 8 割）、民間銀行等資金が大半を占めるタイプ（公営企業債のうちの地域開発事業債は 10 割、一般単独事業債は約 8 割、うち一般分は 95.1％）と、その中間のタイプがある。例えば公共事業債は公的資金 4 割、民間銀行等資金 6 割で、地方債計画と同じ構成である。

地方債事前協議・許可制との関連では、超低金利下で長期固定金利という点で有利な財政融資資金を利用しようとすれば、許可を受けなければならないし、資金のうちどの程度を公的資金に依存できるかは「地方債計画」のガイドラインに従わざるをえない。一般単独事業債のような特定の資金については公的資金に依存しないとしても、他の地方債について許可制の下にあると、「同意のない」地方債として発行することは困難である。届出制に移行しても同様である。資金区分別で許可制が続く公的資金に依存している以上、事前協議制や届出制に移行しても、自治体の起債権限が決定的に強化されるわけではない。

　地方債同意にあたって重要な役割を果たすのは「地方債充当率」である。自治体の投資的経費の財源は、国庫支出金、都道府県支出金、負担金など地方の特定財源及び「地方負担」から構成される。地方負担のうち地方債による財源調達が認められる割合が地方債充当率である。残りの地方負担には一般財源等が充当される。地方債許可制度の下では、地方債充当率は運用通知および留意事項の別表等に定められていた。地方債事前協議・許可制度への移行にあたり、地方財政法施行令6条4項において、総務大臣は毎年度地方債充当率を同意基準等と併せ公表することを義務づけられたことから、官報により告示している。

　地方債充当率は地方債の種類別に差がつけられている。2011年度の総務省告示によると、100％と高いのは一般会計債のうち公営住宅建設事業債、災害復旧事業債、辺地及び過疎対策事業債、公共用地先行取得等事業債、行政改革推進債、公営企業債、公営企業借換債、臨時財政対策債、退職手当債である。一般単独事業債のうち一般分は75％と低いが、旧合併特例債は95％と高い。地方債充当率の格差づけを通じて、自治体を合併など国が優先する事業に誘導する。地方債充当率は年度により

変動し、景気対策として地方の投資的経費を拡大しようとする時は、総務省は地方債充当率を引き上げる。地方債充当率の引き上げと元利償還費の基準財政需要額への算入が一体となって、景気対策へ自治体を誘導してきた。

バブル崩壊後1990年代末まで、ほとんどの自治体が地方債充当率が高く、交付税措置（元利償還金の基準財政需要額への算入）を伴う「有利な起債」の誘導に積極的に対応したため、過大な地方債残高と公債費負担に悩むことになった。これに懲りた自治体は、2000年代に入ると起債に慎重になった。「有利な地方債」である合併特例債ですら、徐々に地方債計画額を実績が下回るようになった。遅きに失した感があるが、国の誘導措置に左右されない自治体の自主的な地方債政策が望まれる。

5　「一時借入金」

1　「一時借入金」とは

「一時借入金」は、一時的な収支の不均衡を解消するための支払資金であるから、当該年度分として収納されたその年度の出納閉鎖日である5月31日までに償還しなければならない。地方債は償還期間が1年未満の短期債であっても、年度越借入といって年度を越えて償還するため、歳入に計上される。これに対して一時借入金は年度越借入が認められないため、歳入には含まれない。従って「決算カード」では借入金は歳入としては計上されず、「性質別歳出」の公債費の内訳に元利償還金とならんで「一時借入金利子」として示されるだけである。

2 「一時借入金」の「ヤミ起債的運用」

　前の年度の一時借入金を翌年度の一時借入金で償還し、それを毎年度繰り返して、あたかも地方債を一時借入金に肩代わりする「ヤミ起債的運用」が行われることがある（以下、前掲、高木健二『やってみよう、わがまちの財政分析』を参照にした）。

　地方自治法では一時借入金について、①借入限度額を予算で定める、②年度内に償還する、③出納整理期間中に償還することは差し支えないと規定している。「ヤミ起債的運用」が行われるのは、③により5月31日までは当該年度の収入金をもって、償還できることによる。

　こうした一時借入金の「ヤミ起債的運用」を行ってきたのが、財政再建団体に追い込まれた北海道夕張市である。一般会計が資金不足になっている第三セクター、地方公社、公営企業等の他会計に対して貸付金を支出してきた。他会計は、翌年度の予算から繰上充用してこの貸付金を普通会計（一般会計）に償還した。この一般会計と他会計の手続きは出納整理期間（毎年度4月1日～5月31日）の同一日に処理する。この結果、一般会計、他会計とも、決算時点では見かけ上は収支がバランスする。一時借入金のヤミ起債的運用は、他会計の資金不足が改善されない限り続き、一時借入金は増え続けた。一時借入金を一般会計に貸し付けている金融機関が情勢変化により貸し渋りや貸しはがしを始めると、一般会計は直ちに資金ショートによる財政破綻に見舞われた。

　こうした一時借入金のヤミ起債的運用は、性質別歳出における一時借入金利子の膨張を招くから見抜くことができる。総務省、北海道庁が警告を発しなかったのは、第三セクター等が果たしている大きな雇用効果などから、他会計の財政破綻が表面

化するのを危惧したらであろう。「財政健全化法」に基づく財政の健全性の判断基準では、公営企業や第三セクターの収支状況が反映するようになっており、一時借入金のヤミ起債的運用にフレーキをかける装置が導入されている。

6 税外収入

1 税外収入と税外負担

「税外収入」は、自治体の収入から地方税と地方債を除いたものである。「税外負担」とは、税外収入のうち、法令の根拠に基づかない住民等の負担をいう。本来公費をもって支弁すべき経費を寄附金等の形式で住民等に負担させているもので、教育関係や土木関係の経費に多くみられる。地方財政法では、住民等に直接であろうと間接であるとを問わず、寄附金等を強制的に割り当ててはならないといった規定を設けている。これに対応して、地方財政計画の策定及び地方交付税の算定において、多年にわたり税外負担解消のための財源措置が講じられており、近年においては、税外負担の総額は漸次縮小の傾向にあるといわれている（石原信雄・嶋津　昭監修・地方財務研究会編『地方財政小辞典（第6版）』ぎょうせい、2010年による）。

2 使用料・手数料

「使用料」は公の施設の利用、行財政財産の使用について徴収される使用料である。高等学校、幼稚園、その他の学校の授業料、通信教育受講料等が授業料として計上される。その他に公立保育所の保育料が含まれるが、民間委託の保育所の保育料は負担金に計上される。その他に公営住宅使用料などがある。

2011年度普通会計決算によると、使用料の内訳は都道府県では授業料と公営住宅使用料がそれぞれ36.2％で最も高く、授業料のうち高等学校授業料が33.9％を占めている。発電水利使用料などその他が27.7％を占める。市町村では公営住宅使用料29.9％、保育所使用料20.7％、授業料4.9％、その他35.3％になっている。2010年度から高等学校授業料は無償化された。

　市町村立小中学校では「義務教育無償」の原則により授業料は徴収されない。しかし父母は給食費、修学旅行費、体育実技用具費（柔道、剣道、スキーなど）、校外活動費（宿泊、非宿泊）などで学校徴収金を負担しており、その他に医療費などの就学費がかかっている。学校教育法第19条では市町村に対して、経済的理由によって就学困難と認められる児童・生徒に必要な援助を与えることが義務づけられている。

　「修学援助」の対象者の認定基準は、「要保護」は生活保護世帯の児童・生徒を対象としているため国が定めているが、「準要保護」については市町村ごとにばらばらである。多くの自治体で前年度の生活保護基準額の倍率で決めている。1.05倍あるいは1.10倍として準要保護児童・生徒の数を極端に絞っている自治体もあれば、1.5倍としている自治体もある。給付額（生徒一人当たり費目別単価）について国の基準があるが、自治体の中にはこの基準を大幅に下回るケースがある一方で、国の基準を上回る金額を支給したり（上乗せ給付）、国の基準にはない費目を独自に設定して支給する（横出し給付）自治体がある。

　修学援助に対する国の負担は、要保護児童・生徒については生活保護費の財源分担に応じて（国庫負担率3/4、残りの1/4の地方負担は基準財政需要額に算入）行われている。準要保護児童・生徒については、1/2の補助率で「国庫補助金」が交付され、残り1/2の地方負担は基準財政需要額に算入されてきた。

「三位一体の改革」により、この補助金は廃止され、一般財源化されたことにより、国の基準に基づく所要額全額が基準財政需要額に算入されるようになった。要保護児童・生徒については生活保護費として支給される。準要保護児童については教育委員会から保護者の銀行口座に振り込まれるが、給食費や修学旅行費は学校に交付される。

　親の経済力格差が教育格差を招き、それが生涯にわたる所得格差を招く「貧困の連鎖」が強まりつつある現在、準要保護児童・生徒の認定基準等について国が基準を定め、修学援助の「ナショナル・ミニマム」としての位置づけを確立すべきである。準要保護がほとんど役割りを果たさないほど厳しい認定基準の自治体に住む経済的困難な家庭の子どもで、保護者が生活保護を受給していない場合には、十分な義務教育を受けることができない。

「手数料」は、自治体が特定の者のためにする役務（戸籍事務など）に対し、その経費の全部又は一部を賄うため又は報賞として徴収する料金である。自治体の事務について徴収する手数料に関する事項は、条例で定めなければならない。運転免許更新料など、全国的に統一して定めることが特に必要と認められるものとして、政令で定める事務についてのみ、国が定める金額で徴収する。それ以外の手数料の金額は自治体が自由裁量で決定できる。

3　分担金・負担金

「分担金」は自治体が課する狭い意味での「受益者負担金」の一種である。数人又は自治体の一部に対し利益のある事件に関し、その必要な費用に充てるため、特に利益を受ける者から、その受益の限度において徴収するものをいう。一部事務組合分

担金も含まれる。

「負担金」は、一定の事業について特別の利益関係を有する者が、その事業の施行に要する経費の全部又は一部を、その事業の施行による受益の程度に応じて負担する金銭的給付である。公共下水道整備に伴って、土地所有者が支払う負担金が「負担金」の典型的なものである。民間委託された公立保育所の保育料も負担金として計上される。

4　財産収入

「財産収入」は、「財産運用収入」と「財産売払収入」から成る。財産運用収入は、財産に対する所有権・管理権を全く失うことなく、貸付等の運用方法で他人に財産を使用収益させ、その対価として受け取る賃貸料、利息、配当などである。基金運用収入、職員住宅貸付収入、株式配当収入などが計上される。「財産売払収入」は、財産の所有権・管理権を失うことに伴う収入であり、不動産売払収入、物品売払収入、生産物売払収入などが計上される。

5　寄附金

私人の自治体に対する寄附には、その使途を特定しない一般寄附とその使途を限定した特定寄付がある。地方財政法第4条の5では、自治体は他の自治体又は住民に対し、寄附金を強制的に割り当てて徴収することを禁止している。

6　諸収入

「諸収入」は、延滞金等、預金利子、貸付金元利収入、普通建

設事業の受託事業収入、収益事業収入、道路改良協力金などの雑入が計上される。公営事業会計からの繰り入れは「繰入金」に計上されるが、収益事業からの繰り入れと公営事業会計からの貸付金の元利償還金の受け入れは諸収入に計上される。

　金額が最も多いのは貸付金元利収入であり、2011年度普通会計決算で都道府県では85.3％と圧倒的割合を占める。その中心は「商工費」の多くを占める中小企業に対しる制度金融に係る元利償還金である。市町村においては、貸付金元利収入は68.3％と2/3以上を占め、雑入が25.2％でこれに次ぐ。

7　税外収入でわかる自治体の姿勢

　税外収入は金額は少ないものの、自治体の自由裁量の幅が大きい歳入である。特に自治体間格差が大きいのは保育料の帰属である。第一に自治体立と民間立（社会福祉法人立）のどちらを優先するかの政策が現れる。公立保育所の保育料は市町村の歳入の「使用料」に計上されるが、民間保育所の使用料は自治体の歳入には計上されない。第二に自治体立保育所の民営化の程度を示す。自治体立保育所の運営を地方公務員により直営で行う場合には保育料は使用料に計上されるが、民間委託して行う場合には負担金に計上される。

　保育料の自治体間格差も大きい。認可保育所の保育料は、設置主体や運営主体がいずれであっても、家庭の収入ランク別に設定されている厚生労働省基準に基づき自治体が自由裁量で一律に決定する。厚生労働省基準をそのまま適用している自治体がある一方で、それを下回る使用料を設定している自治体もある。子育て支援や若い世帯の転入を重視している自治体では、厚生労働省基準を下回る保育料を設定している。

　「三位一体の改革」により、自治体立の保育所に対する国の助

成は国庫負担金・都道府県負担金と地方負担分の基準財政需要額への算入から一般財源化された。全額が基準財政需要額に算入されることになったが、算定基礎となる所要一般財源額は厚生労働省基準の保育料を控除して算出される。したがって厚生労働省基準よりも低い保育料を設定している自治体には、その差額である「超過負担」が発生する。

「超過負担」は、国費を伴う国庫補助事業において、自治体の実支出額よりも国庫補助基本額が下回る場合に、自治体が強いられる法定の負担割合を上回る負担といわれてきた。民生関係、教育関係に多く、国庫補助基本額方式ではなく、実支出額方式（実支出額に国庫補助負担率を乗じて交付額を決定）を採る土木関係や農林水産関係の投資的経費では少ない。単価差、対象差、数量差に区分され、国庫補助基本額の算定に用いられる単価が実勢価格を下回ることから生じる「単価差」が超過負担の中心となってきた。インフレが終息し、公務員賃金が抑制されると、「単価差」は縮小してきた。

　使用料が国の基準を下回ることにより発生する超過負担もあり、保育料はその典型である。「超過負担」にどこまで耐えられるかは、自治体の財政力の高さ、「留保財源」の大きさによって規定される。厚生労働省基準を下回る保育料を設定しているか、その差がどの程度あるかは、自治体の財政力と一定の相関はある。ただし財政力が低い自治体であっても、厚生労働省基準を下回る保育料を設定しているケースもある。自治体の姿勢が現れているといえよう。

V 自治体の歳入と歳出の関係

1 「性質別歳出」と「目的別歳出」

1 性質別歳出

「性質別歳出」は自治体の歳出の経済性質による分類で、義務的経費、投資的経費、その他の経費に大別される。義務的経費は、自治体の歳出のうち、任意に削減できない極めて硬直性が高い経費。性質別歳出のうちの人件費、扶助費、公債費から成る。財政の弾力性を示す指標である経常収支比率を規定する経常経費の多くを占めるため、義務的経費の大きさは地方財政の硬直化に大きな影響を及ぼす。

投資的経費は、自治体の公共施設整備等の直接投資と民間の投資への間接補助金、他の政府の投資への負担金（国直轄事業負担金、県営事業負担金、同級他団体施行事業負担金）、受託事業費から成る。歳出決算では、普通建設事業費、災害復旧事業費、失業対策事業費に区分される。

その他の経費は物件費、維持補修費、補助費等、繰出金、積立金、投資・出資・貸付金、前年度繰上充用金から成る。臨時職員賃金、委託費は物件費に計上される。公営企業への繰り出しのうち、企業会計方式が適用される公営企業法の法適用事業（上水道、交通、病院）と法非適用事業のうち自治体が企業会

計方式を選択した事業に対するものは、補助費等に計上されることに留意しなければならない。その他の公営企業への繰り出しは、国民保険、老人保健、介護保険への繰り出しとともに繰出金に計上される。

2009年度決算をみると、都道府県では義務的経費43.4％、投資的経費15.5％、その他の経費41.1％、市町村では義務的経費46.5％、投資的経費14.1％、その他の経費39.4％となっており、三大分類ではほとんど差がない（P106表18参照）。

義務的経費の内訳をみると差がある。小中学校を含め公立学校教員人件費を最終支出している都道府県では人件費の比率が28.4％で市町村（18.6％）を上回っている。市町村では扶助費の比率が15.7％で都道府県（1.8％）を大幅に上回っている。扶助費は児童手当（2010年度から「子ども手当」）や生活保護費のような現金給付（医療扶助の現物給付）と民間福祉施設（認可保育所など）への運営費補助から成るが、いずれも市町村が主な最終支出主体である。公債費の構成比にはほとんど差がない。

その他の経費の内訳においても差がある。物件費の比率は市町村では12.2％で都道府県（3.2％）よりもかなり高い。特に委託料の比率が市町村では7.0％で都道府県（1.4％）を大幅に上回っている。「指定管理者制度」等を使った民間委託が住民向け公共施設を多く抱えている市町村で拡大していることによる。繰出金の比率も市町村では9.0％で都道府県（0.4％）を大幅に上回っている。市町村の方が地方公営企業の種類・規模が大きく、国民健康保険、老人保健、介護保険の保険者等になっていることによる。一方、都道府県の方が比率が高いのは補助費等と貸付金である。都道府県の方が各種団体への補助、商工業者への貸付の規模が大きいことによる。

表18　2009年度性質別歳出決算

	実数（千円）		構成比（％）	
	都道府県	市町村	都道府県	市町村
歳出合計	50,245,293,944	52,018,377,676	100.0	100.0
義務的経費	21,783,113,446	24,202,641,782	43.4	46.5
人件費	14,286,152,263	9,689,476,325	28.4	18.6
扶助費	914,276,656	8,172,042,839	1.8	15.7
公債費	6,582,684,527	6,341,122,618	13.1	12.2
地方債元利償還金	6,574,335,450	6,336,221,783	13.0	12.2
一時借入金利子	8,349,077	4,900,835	0.0	0.0
投資的経費	7,766,059,357	7,341,112,310	15.5	14.1
普通建設事業費	7,689,045,769	7,266,327,699	15.3	14.0
補助事業費	3,322,315,470	2,709,878,916	6.6	5.2
単独事業費	3,132,348,853	4,219,377,284	6.2	8.1
国直轄事業負担金	1,158,502,576	122,668,107	2.3	0.2
県営事業負担金	―	166,216,154	―	0.3
同級他団体施行事業負担金	764,635	6,004,925	0.0	0.0
受託事業費	75,114,235	42,182,313	0.1	0.1
災害復旧事業費	77,013,588	72,087,734	0.1	0.1
失業対策事業費	―	2,696,877	―	0.0
その他の経費	20,696,121,141	20,474,623,584	41.1	39.4
物件費	1,586,042,874	6,352,707,269	3.2	12.2
賃金	37,127,961	444,713,689	0.1	0.9
需用費	374,996,236	1,277,442,776	0.7	2.5
委託料	708,511,731	3,460,482,203	1.4	7.0
維持補修費	414,027,019	637,643,869	0.8	1.2
補助費等	10,589,929,724	5,520,793,773	21.1	10.6
十　積立金	3,123,693,068	1,063,705,548	6.2	2.0
十一　投資及び出資金	173,872,425	220,460,614	0.3	0.4
十二　貸付金	4,604,887,786	1,977,852,239	9.2	3.8
十三　繰出金	203,668,245	4,661,052,692	0.4	9.0
十四　前年度繰上充用金	―	40,407,580	―	0.1

出所：「地方財政統計年報」2011年版。

2　目的別歳出

「目的別歳出」は、政策目的により分類した自治体の歳出である。土木費、教育費、民生費、公債費が4大費目である。その他に議会費、総務費、衛生費、労働費、農林水産業費、商工費、

警察費、消防費、災害復旧費、諸支出金、前年度繰上充用金がある。

　2009年度の目的別歳出構成で比較すると、市町村が都道府県を上回る費目は総務費15.2％（以下、かっこ内は都道府県、6.9％）、民生費28.5％（13.5％）、衛生費8.2％（3.7％）、消防費3.2％（0.4％）である（P108表19参照）。市町村が都道府県を下回る費目は、農林水産業費2.5％（5.2％）、商工費4.5％（8.5％）、である。警察費、税交付金、特別区財政調整交付金は都道府県のみの支出である。土木費の比率は差がないが、うち市町村は都市計画費7.1％（2.6％）で都道府県を上回り、道路橋りょう費3.4％（5.3％）、河川海岸費0.4％（2.6％）で都道府県を下回っている。

2　「決算カード」で市町村の歳出を読む

1　性質別歳出の状況

　普通会計歳出のうち、性質別歳出は決算カードの下段左側に示されている（P109表20参照）。次に歳出額と構成比に着目する。3大分類では、義務的経費と投資的経費は示されているが、その他の経費は示されていないので、歳出合計から義務的経費と投資的経費を差し引いて算出する。

　直近の年度だけではなく、1990年度、1995年度、2000年度、2005年度以降の各年度の計数をとり、性質別歳出の規模と構成比の変化をみる。住民や地方議員が、地方財政分析で財政当局に対して優位性を発揮するのは長期的変化の中から当該自治体の財政の特質を抽出することである。ジェネラリスト優先の日本では、数年で部署を移動するため、財政当局の担当者は直近数年度の動向には詳しいが、長期的視点に立って自治体財政

表 19　2009 年度目的別歳出決算

	実数（千円）		構成比（％）	
	都道府県	市町村	都道府県	市町村
歳出合計	50,245,293,944	52,018,377,676	100.0	100.0
一　議会費	76,314,521	338,580,296	0.2	0.7
二　総務費	3,465,976,782	7,927,120,904	6.9	15.2
三　民生費	6,763,625,993	14,839,137,855	13.5	28.5
1　社会福祉費	2,254,682,901	3,838,694,533	4.5	7.4
2　老人福祉費	3,039,124,775	3,044,754,048	6.0	5.8
3　児童福祉費	1,208,604,345	4,911,719,706	2.4	9.4
4　生活保護費	253,473,413	3,040,381,120	0.5	5.8
5　災害救助費	7,740,559	3,588,448	0.0	0.0
四　衛生費	1,863,150,839	4,244,768,356	3.7	8.2
五　労働費	792,448,408	219,898,701	1.6	0.4
六　農林水産費	2,625,247,995	1,312,102,838	5.2	2.5
七　商工費	4,286,132,307	2,333,464,197	8.5	4.5
八　土木費	6,609,214,045	6,886,250,385	13.2	13.2
1　土木管理費	358,095,064	446,198,456	0.7	0.9
2　道路橋りょう費	2,655,519,149	1,779,943,807	5.3	3.4
3　河川海岸費	1,302,212,195	183,021,121	2.6	0.4
4　港湾費	328,842,398	202,847,891	0.7	0.4
5　都市計画費	1,301,074,689	3,672,163,473	2.6	7.1
(1) 街路費	567,670,597	602,059,213	1.1	1.2
(2) 公園費	197,704,341	609,214,549	0.4	1.2
(3) 下水道費	305,362,620	1,447,391,349	0.6	2.8
(4) 区画整理費等	230,337,131	1,013,498,362	0.5	1.9
6　住宅費	610,758,416	588,289,638	1.2	1.1
7　空港費	52,712,134	13,785,999	0.1	0.0
九　消防費	215,499,535	1,679,706,129	0.4	3.2
十　警察費	3,312,328,435	―	6.6	―
十一　教育費	10,926,248,350	5,563,440,535	21.7	10.7
1　教育総務費	1,983,540,143	706,955,328	3.9	1.4
2　小学校費	3,571,765,009	1,399,397,322	7.1	2.7
3　中学校費	2,054,913,725	820,608,953	4.1	1.6
4　高等学校費	2,097,093,456	175,247,110	4.2	0.3
5　大学費	167,687,914	60,761,472	0.3	0.1
6　社会教育費	173,147,673	1,041,830,169	0.3	2.0
7　保健体育費	105,720,278	1,110,538,731	0.2	2.1
(1) 体育施設費等	83,139,474	425,196,969	0.2	0.8
(2) 学校給食費	22,580,804	685,341,762	0.0	1.3
8　その他	772,380,152	248,101,450	1.5	0.5
十二　災害復旧費	77,286,151	72,107,651	0.2	0.1
十三　公債費	6,607,075,739	6,348,384,509	13.1	12.2
十四　諸支出金	51,994,056	213,007,740	0.1	0.4
十五　前年度繰上充用金	―	40,407,580	―	0.1
十六　税交付金	1,709,277,705	―	3.4	―
十七　特別区財政調整交付金	863,473,083	―	1.7	―

出所：「地方財政統計年報」2011 年版。

表20 「決算カード」の「性質別歳出の状況」―2009年度決算、F市の例―

性質別歳出の状況（単位千円・%）

区　分	決算額	構成比	充当一般財源等	経常経費充当一般財源等	経常収支比率
人件費	25,977,958	20.5	24,665,870	24,451,751	30.9
うち職員給	17,794,949	14.0	16,627,457		
扶助費	21,170,286	16.7	8,113,201	7,614,605	9.6
公債費	9,732,783	7.7	9,732,783	9,732,783	12.3
内訳　元利償還金	9,732,783	7.7	9,732,783	9,732,783	12.3
一時借入金利子	―				
（義務的経費計）	56,881,027	44.8	42,511,854	41,799,139	52.8
物件費	18,956,126	14.9	14,701,059	12,969,306	16.4
維持補修費	823,318	0.6	692,899	692,899	0.9
補助費等	17,479,166	13.8	10,532,720	8,759,967	11.1
うち一部事務組合負担金	8,445	0.0	8,445	8,445	0.0
繰出金	9,437,906	7.4	8,428,548	5,556,700	7.0
積立金	1,043,512	0.8	853,883		
投資・出資金・貸付金	2,003,168	1.6	741,762	300	0.0
前年度繰上充用金	―				
投資的経費	20,222,574	15.9	10,992,844	経常経費充当一般財源等計 69,778,311千円 経常収支比率 88.2%　91.7% （減収補填債（特例分） 及び臨時財政対策債除く） 歳入一般財源等 96,599,701千円	
うち人件費	454,533	0.4	454,533		
内訳　普通建設事業費	20,222,574	15.9	10,992,844		
うち補助	9,370,249	7.4	2,457,841		
うち単独	10,844,344	8.5	8,527,022		
災害復旧事業費	―		―		
失業対策事業費	―		―		
歳出合計	126,846,797	100.0	89,455,569		

の分析を行わないからである。

　性質別歳出は後にみる経常収支比率の変化と要因など、主に自治体財政の性質面での分析に使われるが、次のような政策分析に使うこともできる。
　① ハード事業をどの程度重視しているか…投資的経費の規模と歳出総額に占める構成比をみる。
　② 公共施設の管理等をどの程度地方公務員による直営で行い、どの程度、民間に委託するか…人件費と物件費のうち

表21 「決算カード」の「公営事業等への繰出」
　　　―2009年度決算、F市の例―

公営事業等への繰出	合　　　　　　計	16,479,555
	下　水　道	5,174,355
	病　　　　　院	1,867,294
	宅　地　造　成	574,664
	市　　　　　場	154,109
	国 民 健 康 保 険	3,566,749
	そ　　の　　他	5,142,384

　　の「委託費」の動向を比較する。
③　認可保育所の運営を直営で行うか、社会福祉法人等の民間で行うか…直営で行う場合には運営費の大半は人件費に計上される。民間保育所については、運営費補助が扶助費に計上される。人件費と扶助費の伸びを比較する。
④　公営事業をどの程度「独立採算」で行い、どの程度普通会計からの繰出に依存するか…企業会計方式により経理される上水道、病院、交通、その他の公営企業への繰出が計上される「補助費等」の規模。官庁会計方式で経理される公営企業と社会保険関連の会計に対する繰出が計上される「繰出金」の規模と推移をみる。「決算カード」では表21の通り、主な公営事業会計に対する補助費等と繰出金が「公営事業等への繰出」として、真ん中の列の最下段に示されている。

2　目的別歳出の状況

「目的別歳出」は自治体の経費を行政目的によって分類したものであり、自治体の政策を財政面から分析するための主要な資料である。「決算カード」では、真ん中の列の「公営企業等へ

の繰出」の上に示されている（P110 表 21 参照）。

「決算カード」では、予算書・決算書の「款」レベルまでしか示されていない。少なくとも民生費、土木費、教育費については、表 22（P112）のように「項」レベルを整理した費目までみないと、政策分析には使えない。「項」レベルの普通会計歳出決算は、総務省のホームページに掲げられている「市町村決算状況調」からデータが得られる。「性質別経費」と同様に、1990 年度、1995 年度、2000 年度、2005 年度以降の各年度の計数をとり、目的別歳出の規模と構成比の変化をみる。

普通会計決算の計数を使った財政分析は、政策分析としては不十分である。決算データは 2 年度前までの計数しか出ないし、各費目に影響を及ぼしている事業は分からない。そこで予算書の分析を併用する。予算書では現年度の計数が得られるし、「目」レベルの費目について「説明」で主な事業別の予算額が示される。ただし特定の事業の予算が別々の費目に計上されるのが予算書の限界である。関心が強い行政分野については、「主要施策の成果」、「行政評価」といった資料の併用が望ましい。

3　「類似団体」と比較する

市町村財政の特徴をつかむには、総務省のホームページに掲げられている「市町村財政指数表」の同じ類型の市町村と比較することが役に立つ。市町村は政令指定都市、中核市、特例市、その他の市町村（一般市町村）の四つに区分されている。一般市町村については、国勢調査に基づく人口規模と就業構造を基準として類型区分されている。一般都市については、人口で 5 万人未満（Ⅰ型）、5〜10 万人（Ⅱ型）、10〜15 万人（Ⅲ型）、15 万人以上（Ⅳ型）の 4 区分、就業構造で第一次産業比

表22 「決算カード」の「目的別歳出の状況」
― 2009年度決算、F市の例―

目的別歳出の状況（単位千円・％）					
区　　　分	決算額(A)	構　成　比	(A)のうち 普通建設事業費	(A)の 充当一般財源等
議　　会　　費	595,000	0.5	―	595,000
総　　務　　費	21,360,000	16.8	1,544,860	13,764,533
民　　生　　費	36,865,047	29.1	358,883	21,396,060
衛　　生　　費	14,309,953	11.3	1,449,806	11,055,952
労　　働　　費	789,236	0.6	3,633	178,071
農 林 水 産 業 費	495,544	0.4	146,914	462,497
商　　工　　費	2,250,383	1.8	114,629	1,373,783
土　　木　　費	20,840,254	16.4	10,740,181	13,688,198
消　　防　　費	5,182,582	4.1	748,303	4,975,804
教　　育　　費	14,425,024	11.4	5,115,365	12,231,897
災 害 復 旧 費	―	―	―	―
公　　債　　費	9,733,774	7.7		9,733,774
諸 支 出 費	―		―	―
前年度繰上充用金	―			
歳 出 合 計	126,846,797	100.0	20,222,574	89,455,569

率と第三次産業比率を組み合わせて4区分し、両者の組み合わせにより16区分となっている。

　各市町村の類型は、「決算カード」の右上に示されている。F市はⅣ―3型に属している。財政諸指標、歳入内訳、地方税内訳、性質別歳出、目的別歳出などについては、全類型を一つにまとめた表と歳入内訳、性質別歳出、目的別歳出、普通建設事業費について類型別に詳しい計数を示した表（本表）がある。歳入額や歳出額は人口1人当たり額（円）単位で示されている。ここで使われているのは、年度末の住民基本台帳登載人口である。分析しようとする市町村については、「決算カード」の左上に示されている住民基本台帳登載人口を使って1人当たり額を算出する。

　類似団体との比較では中長期的変化を行うことはできない。

表23　人口1人当たり性質別歳出額の比較
― 2011年度 ―

	歳出額（円）F市	歳出額（円）類似団体	格差指数
歳出合計	315,309	314,274	100.3
義務的経費	141,392	150,477	94.0
人件費	64,575	61,823	104.5
扶助費	52,624	61,090	86.1
公債費	24,193	27,564	87.8
投資的経費	50,268	38,445	130.8
普通建設事業費	50,268	38,349	131.1
補助事業費	23,292	15137	153.9
単独事業費	26,865	22585	119.0
災害復旧事業費	―	96	―
失業対策事業費	―	―	―
その他の経費	123,649	125,352	98.6
物件費	47,120	44,424	106.1
維持補修費	2,027	2,681	75.6
補助費等	43,449	39,987	108.7
積立金	2,594	4,848	53.5
投資・出資金・貸付金	4,979	3,345	148.8
繰出金	23,460	30,067	78.0
前年度繰上充用金	―	―	―

注：格差指数は類似団体平均を100とする指数。
出所：総務省「類似団体別市町村財政指数表」2011年度。

5年ごとの国勢調査の結果が出された後、各類型の所属市町村が変更になるからである。また財政諸指標の策定に際して、選定団体が毎年度変わるからである。2009年度決算の選定団体は次の基準による。
　① 原則として、2005年4月1日以降において大規模な合併が行われていないこと。
　② 2008年度及び2009年度の決算の実質単年度収支において著しく多額の赤字を生じていないこと。赤字の額が標準財政規模のおおむね10％以内であること。
　③ 2009年度決算の実質収支において、著しく多額の赤字

（標準財政規模のおおむね20％以上）を生じていないこと。
④ 2009年度決算において地方債の元利償還金が著しい負担（実質公債費比率がおおむね25％以上）となっていないこと。

　F市が属する都市Ⅳ―3型では所属する29都市のうち28都市が選定されている。財政比較をする上で、どのような都市が選定団体になっているかを確認しておいた方がよい。「類似団体別市町村財政指数表」の末尾の「都道府県団体名一覧」をみると、類型別の市町村名が分かる。都市Ⅳ―3型では、東京都8都市（特別区は含まれない）、千葉県7都市、神奈川県3都市、埼玉県3都市で東京圏が21都市で3/4を占める。その他では愛知県3都市、京都府1都市、大阪府1都市、兵庫県1都市となっている。三大都市圏で25都市と大半を占める。地方圏では北海道1都市、山口県1都市、沖縄県1都市で計3都市にすぎない。

　人口1人当たり性質別歳出額と類似団体平均を100とする格差指数を示すと表23（P113）の通りである。人口1人当たり歳出額（以下、支出水準と呼ぶ）は、歳出合計ではほぼ同じである。三大分類でみると、F市の支出水準は投資的経費（格差指数130.8）で高く、義務的経費（94.0）では低く、その他の経費（98.6）ではほぼ同じである。

　義務的経費の支出水準は人件費（格差指数104.5）で高い反面、扶助費（86.1）と公債費（87.8％）では低くなっている。人件費に関する計数は、「決算カード」では右側中段に示されている（P115 表24参照）。同じ計数の類似団体平均は示されていないので、選定都市の「決算カード」から算術平均値を算出するしかない。

　投資的経費の支出水準は、普通建設事業費の補助事業費（格差指数153.9）で特に高いが、単独事業費（119.0）も高い。そ

表24 「決算カード」の職員数・給料月額
　　　―神奈川県F市、2009年度―

区　分	職員数（人）	給料月額（百円）	1人当たり平均給料月額（百円）
一般職員等　一般職員	2,392	7,946,224	3,322
うち消防職員	429	1,399,398	3,262
うち技能労務員	386	1,264,922	3,277
教育公務員	25	105,775	4,231
臨時職員	―	―	―
合　計	2,417	8,051,999	3,331

　の他の経費の支出水準は、投資・出資金・貸付金（格差指数148.8）、補助費等（108.7）、物件費（106.1）で類似団体平均を上回っている。一方、積立金（53.5）と繰出金（78.0）ではかなり低い。

　目的別経費について類似団体と比較したのが表25（P116）である。F市の支出水準が類似団体平均より10％以上高い経費は、款レベルでは衛生費（格差指数125.0）、労働費（163.8）、土木費（138.1）である。性質別歳出で普通建設事業費の支出水準が高いのは、主に土木費の支出水準を反映している。土木費のうちの主な項レベルの費目では、街路費（425.3）、下水道費（158.1）が高く、公園費（86.3）と区画整理費等（51.1）が低い。

　F市の支出水準が類似団体平均を10％以上下回る費目が、款レベルでは議会費（格差指数75.7）、民生費（84.9）、商工費（80.9）、公債費（88.1）である。性質別歳出で扶助費の支出水準が低いのは、民生費の支出水準を反映している。民生費の支出水準は項レベルでは災害救助費を除きいずれも低いが、生活保護費（70.5）、児童福祉費（83.3）が特に低い。

　格差指数が90〜110％の費目としては総務費（格差指数105.4）と消防費（108.8）がある。管理的経費としての総務費

表25　人口1人当たり目的別歳出額の比較

	歳出額（円） 藤沢市	歳出額（円） 類似団体	格差指数
歳出合計	315,309	314,274	100.3
一　議会費	1,479	1,954	75.7
二　総務費	53,095	50,352	105.4
三　民生費	91,637	107,936	84.9
1　社会福祉費	26,538	27,379	96.9
2　老人福祉費	15,726	17,500	89.9
3　児童福祉費	32,002	38,422	83.3
4　生活保護費	17,364	24,631	70.5
5　災害救助費	8	4	200.0
四　衛生費	35,571	28,450	125.0
五　労働費	1,962	1,198	163.8
六　農林水産業費	1,232	1,209	101.9
七　商工費	5,594	6,917	80.9
八　土木費	51,804	37,505	138.1
1　土木管理費	4,647	2,536	183.2
2　道路橋りょう費	9,104	7,424	122.6
3　河川海岸費	2,250	718	313.4
4　港湾費	—	347	—
5　都市計画費	33,623	23,846	141.0
(1) 街路費	12,639	2,972	425.3
(2) 公園費	3,956	4,584	86.3
(3) 下水道費	12,862	8,133	158.1
(4) 区画整理費等	4,165	8,158	51.1
6　住宅費	2,180	2,529	86.2
7　空港費	—	—	—
九　消防費	12,883	11,845	108.8
十　教育費	35,857	38,944	92.1
1　教育総務費	6,585	6,178	106.6
2　小学校費	9,620	10,565	91.1
3　中学校費	8,169	5,586	146.2
4　高等学校費	—	423	—
5　大学費	—	—	—
6　社会教育費	4,516	6,917	65.3
7　保健体育費	6,732	8,198	82.1
(1) 体育施設費等	3,156	3,315	95.2
(2) 学校給食費	3,576	4,883	73.2
8　その他	236	1,077	21.9
十一　災害復旧費	—	96	—
十二　公債費	24,295	27,567	88.1
十三　諸支出金	—	301	—
十四　前年度繰上充用金	—	—	—

と人件費比率が高い消防費の格差指数が100を上回っているのは、性質別歳出における人件費の支出水準に影響を及ぼしている。教育費の支出水準（92.1）は教育総務費と中学校費を除いては低い。

　格差指数が100を下回る費目の支出水準が高まるのが望ましいわけではない。各自治体の各費目の格差指数が100に近づくことになれば、全国の自治体の目的別歳出構造が画一化することになり、分権化に逆行する。歳出構造の特徴が住民の選好、自治体の政策の優先順位を反映したものであればよい。逆に国の国庫支出金、地方交付税、地方債を一体的に活用した政策に誘導されたものであれば、望ましくない。

3　自主的行政と歳入

1　財源からみた行政のタイプ

　自治体の自主的政策は、財源面では地方税を中心とした自主財源のみから成り立つ場合に最も基盤が強い。しかし多かれ少なかれ国からの財政移転に依存せざるをえないのが現代福祉国家における国・地方の財政関係の特質である。その場合、国からの財政移転を通じて厳しい関与にさらされるのが、特定補助金としての国庫補助負担金を伴う補助事業である。

　自治体の自主的政策という面からみると、国庫補助事業は二つのタイプに区分される。第一のタイプは、国庫補助負担基準によって行政が行われ、自治体の自由裁量の余地が乏しい分野である。国の委託事業としての性格が著しく強い分野で、民生費のうちの生活保護費や児童保護費に計上される児童手当（「子ども手当」）が該当する。国庫補助事業Ａタイプと呼ぶ。

　生活保護費については、窓口における申請受付や認定で自治

体ごとの差があるが、支出水準に大きく影響を及ぼすのは低所得者のウエイトである。日本では保護基準以下の世帯所得の家庭のうちで生活保護費を受給している割合（捕捉率という）は約１割といわれており、ヨーロッパ先進国と比較して著しく低い。最近はワーキングプアの増大により、生産年齢人口層の生活保護者が急増しているが、圧倒的割合を占めるのは低年金の高齢者である。Ｆ市で生活保護費の支出水準が低いのは、低所得者のウエイトが少ないことによるものであり、自治体の政策を反映したものではない。国庫補助事業Ｂタイプと呼ぶ。

　第二のタイプは、国庫補助負担基準は国が定めているが、基準を上回る「上乗せ」や基準にはない施策を行う「横出し」の余地があり、施設数や事業規模などで自治体の自由裁量の余地がある分野がある。児童福祉費に計上される保育所費のうち民間保育所への運営費補助や土木費はこのケースである。

　国庫支出金が交付されない単独事業にも二つのタイプがある。第一のタイプは基準を国が定め、基準に基づく一般財源所要額を基準財政需要額に算入する分野である。単独事業Ａタイプと呼ぶ。総務省は「新型交付税」が導入されるまでは、基準財政需要額の約７割は、国庫補助事業の「地方負担」または国の基準に基づいて実施される単独事業に係る一般財源所要額を算入したものであると説明していた。単独事業であっても、国の基準に基づいて実施されている事業が多いことを示している。この分野では一般的に、地方交付税は一般財源であることから、国の基準を下回る施策を行う余地、「上乗せ」・「横出し」の施策を行う余地は国庫補助事業Ｂタイプよりも大きい。また自治体の自由裁量は施設数等で発揮される。公立保育所はこのケースである。ただし認可保育所では、国の人員配置基準・面積基準を下回ることは原則として許容されない。

　国の基準の設定と国の財源保障が行われていない単独事業も

ある。子どもの医療費の自己負担の公費負担（無料化）や妊婦健診の公費負担（無料化）はこの典型である。単独事業Ｂタイプと呼ぶ。

2 国の基準設定と財源保障

　第174通常国会に提案され、継続審議となり、次の通常国会で成立した地域主権改革関連法という三つの法律の一つは、俗にいう義務付け・枠付け見直し法である。義務付け・枠付けを見直し、現在政令省令等で定めている基準を条例で定めるということである。第174通常国会に提案されたのは、国・地方等の合意が成立した第１次の義務付け・枠付け見直しである。

　義務付け・枠付けで最大の争点となっているのが、認可保育所の基準である。公立保育所は単独事業Ａタイプ、民間保育所は補助事業Ｂタイプである。福祉団体や社会保障関係者の多くは「ナショナル・ミニマム」の後退を怖れて、国による義務付け・枠付けの廃止に反対している。多くの待機児童をかかえている大都市圏の自治体は、廃止を強く要求している。高度成長期には国が定めるナショナル・ミニマムの低さを批判した革新自治体などが「シビル・ミニマム」を設定した。シビル・ミニマムがナショナル・ミニマムを引き上げる役割を果たした。現在でも環境行政など多額の経費がかからない分野ではこの関係が持続している。一方、生活保護や保育所など多額の経費がかかる分野では、シビル・ミニマムがナショナル・ミニマムよりも低位に設定され、行政水準の引き下げる機能を果たそうとしている。地方自治の研究者の多くは、基準は住民が決めるのが地方自治であるとして、国による義務付け・枠付けの廃止に賛成している。現行の行政水準からの低下を根拠とした反対論に対しては、住民軽視だとして批判している。

義務付け・枠付けの廃止によるコントロール力低下への怖れと行制水準の低下への懸念から、厚生労働省は認可保育所に限らず、条例の内容を直接拘束する「従うべき基準」と条例が「参酌すべき基準」に区分し、対応しようとしている。「従うべき基準」の例としては、児童福祉施設、特別養護老人ホーム、介護施設など福祉施設の中の①配置する従業員数、②居室及び病室の床面積等、③適切な処遇の確保・秘密の保持等の運営に関することをあげている。

　義務付け・枠付けの決定主体の国から地方自治体への移行は、社会保障に関しては行政水準の低下に向かってゆく現実に目をつぶって、抽象的に「住民自治」を強調することはミス・リーディングである。生活保護に関しては、全国市長会や政令指定都市市長会は、国による基準設定は認めた上で、全額国費負担へ移行できないならば、「有期制」を導入すべきであると提言している。公的扶助に「有期制」を導入した唯一の主要先進国であるアメリカにしても、「給付付き税額控除」（課税所得が課税最低限を下回る低所得層にマイナスの課税をする、すなわち税を「給付」する）とセットとなっている。低所得者の生活条件が改善しないうちに、給付を打ち切ることは、憲法に規定されている「生存権保障」を放棄しようとするものである。現代福祉国家の根幹となっている公的扶助について、解体に通じるような提言が住民を守る立場にある地方自治体の側から出される点に深刻な問題がある。

　現行の厚生労働省が定めている保育基準は、昭和20年代に設定された低位のものであり、引き下げられれば保育の質はかなり劣化する。国による細かい基準の設定は廃止すべきであるが、面積基準・職員配置基準といった公共サービスの質の根幹に関わるものについては、後に述べるように十分な財源保障と決定方式の変更を伴いつつ、維持すべきである。厚生労働省は

当面、大都市圏で待機児童数が多い自治体に対して、それが解消するまでの期間という時限的な特例措置（面積基準・配置人員基準の緩和）を認めることで乗り切ろうとしている。

　自治体財政にとって重大な問題は、基準の設定が国の義務付け・枠付けから条例へ移行すると、国の財源保障機能の低下に歯止めがかからなくなることである。地方交付税の基準財政需要額における従来型の「個別算定経費」の算定基礎は、国の設定している基準である。「包括算定経費」のウエイトが高まったり、国の基準設定がなくなれば、国が財政危機、財源不足を理由にして、基準財政需要額の削減を通じて財源保障機能を低下させても、自治体側は前年度の総額確保として抵抗するしか術はなくなる。税源移譲、地方交付税の総額確保の地方自治体の要求の客観的根拠は弱まらざるをえない。

3　「競争型・分離型」分権システムと「協調型・統一型」分権システム

　様々な理由から分権化は世界的潮流になっている。留意すべきことは、主要先進国の分権システムには大別して二つのタイプがあることである。一つは、アメリカ型で、地方財政調整制度がない（零細な特定補助金はある）ため、国による財源保障機能・財政調整機能は弱く、地域格差が大きい。行政基準は州または自治体ごとに決める「分離型」であり、州間・自治体間の行政格差が生じる。低い地域の経済力に起因する弱い州・地方税の収入基盤を理由に、行政水準を大幅に低下させることは住民の抵抗があり、困難である。そこで強い課税自主権を支えにして、全国平均よりも地方税率を引き上げるために、州間・自治体間の税率格差が大きくなる。州間・自治体間が税率と行政水準をめぐって競争しあう「競争型」になる。

　アメリカといえども政策や基準の決定を州・自治体に任せて

おくことはできず、マンデートと呼ばれる委任立法が続々制定されている。しかし連邦の財源保障を伴わないので、州・自治体は歳出削減と住民負担の引き上げに頼らざるをえない。しかし1970年代末にカリフォルニア州において「住民発案制度」（イニシアチブ）に基づいて、州の不動産税の大幅削減を求めた「提案13号」（プロポジッション13）が採択された。「納税者の反乱」は全国に波及し、課税・歳出制限措置が全国で導入された。委任事務の増大に増税で対応は困難となり、教育・医療・福祉の分野の歳出削減と廃棄物収集・処理手数料など税外負担の引き上げが主な財源捻出手段になった。こうした財源捻出手段は、公共サービスに頼らざるをえない低所得層に逆進的な負担増を含めて生活困難をもたらし、格差拡大・貧困の増大を加速化した。

　一方、連邦制国家のドイツや単一制国家のスウェーデンでは、州・地方税を財源とする「水平方式」を含めて、財政調整制度が整備されている。ドイツでは、自治体の営業収益税は課税自主権が保障され、自治体間の企業負担に大きな差があるが、州・地方税収入の多くは連邦レベルで決定される税率で徴収される「共同税」から構成されている。スウェーデンの地方税制は比例税率の所得税の単一税制と成っており、自治体は税率決定権を保持している。しかし大半の自治体の地方所得税率は30.0％から33.5％の範囲内にあり、税率格差はきわめて小さい（星野泉『スウェーデン　高い税金と豊かな政策』イマジン出版、2008年）。アメリカと対照的に整備された財政調整制度と住民負担と行政水準の州間・自治体格差の小ささを特質とする「協調型」分権システムの国になっている。

　これらの国では、中央政府レベルにおける政策決定と分権システムはどのように両立させているのであろうか。その鍵は中央政府レベルの政策決定への州・自治体の参加である。ドイツ

では上院にあたる連邦参議院議員は国民の選挙によって選ばれるのではなく、州の代表者から構成されている。スウェーデンでは、自治体に関連する政策の決定にあたっては、自治体の代表者と中央政府関係者が協議を行う。州・地方政府の中央政府レベルへの参加によって、アメリカのような財源保障なき委任事務の増加は避けられる。ドイツでは主に「共同税」の配分割合の変更によって、スウェーデンでは一般補助金の交付を通じて財源保障が行われる。

　日本の分権論議においては、この二つのシステムのいずれを目指すのかが明確に意識されない「同床異夢」の状態になっている。「過剰調整」が行われ地方における無駄な支出を招いている、自治体は徴税努力をしないといった批判をして、地方交付税の役割を地方税収の自治体間格差を是正する収入調整に大幅に圧縮すべきだと主張する。分権改革の柱は、「課税自主権」の付与と国庫補助負担金の削減である。自治体は行政水準の引き下げと税率引き上げにより、歳出と地方税収入の乖離を埋め合わせるべきであるとする。明らかに目指す方向は、「競争型・分離型」分権システムである。

　他方、課税自主権の拡大を求めるものの、分権改革の柱としては税源移譲と国庫支出金の削減に据える主張がある。所得税の比例税率の個人住民税への移譲や消費税の移譲といった自治体間の税収格差を縮小する方向での税源移譲を重視する。それにもかかわらず残る地方税収格差、コスト格差を調整するための、また国による財源保障を行うための地方財政調整制度をリフォームし充実を併せて求める。明らかに目指す方向は「協調型・統一型」分権システムである。

　地域における教育、医療、福祉などの公共サービスの弱体化と個人間・地域間の格差拡大が進行しつつある現在、住民の「生活」に視点を置くならば、目指すべきは「協調型・統一型」

分権システムであることは明らかである。個人間・地域間の競争、自助努力を重視して、「競争型・分離型」分権システムを目指す分権論は、日本企業の国際競争力の向上と日本経済の再生を最優先する「市場原理主義」と親和的である。しかし個人間・地域間の拡大をもたらす政策は、内需の縮小と輸出拡大の外需主導経済を続けることによって円高を繰り返させ、より激烈な日本企業の国際競争力の低下と日本経済の衰退を結果するという最悪のシナリオである。

　日本において「協調型・統一型」分権システムを構築する上で、最優先の政策課題は「税源移譲」と自治体参加によるナショナル・ミニマムの再生である。後者は地方財政調整制度を再生させる基礎をつくる。自治体参加によるナショナル・ミニマムの再生にとって重要なのは、地方主権改革の一環として制度化された「国と地方の協議の場」である。第一に自治体の連合体の政策形成能力を高めねばならない。現在の地方六団体は、事務局が総務省からの出向者によって占められ、重要な政策は総務省に依存している。財務省など総務省以外の省庁に自治体の要求を押し出す上では有効な一面を示すが、市町村合併の半強制的な推進など総務省による自治体コントロールに抵抗できない。第二に「税源移譲」を軸に据えて、自治体財政の再生を図ることである。自治体の財源不足が続く条件の下で、「国と地方の協議」が行われると、最近の生活保護をめぐる協議のように、結果として自治体参加がナショナル・ミニマムの引下げをもたらしてしまうこととなる。

VI 「協調型」分権システムへの転換と「税源移譲」

1 「社会保障・税の一体改革」と税収の集中化

1 財政再建最優先の「社会保障・税の一体改革」素案

　菅首相（当時）は、財務相時代から「ギリシャ危機」の教訓を理由とした財務省の消費税増税による財政再建戦略に組み込まれた。民主党政権の第2代首相に就任した菅直人が、2010年7月11日の参議院選挙を前に、社会保障の強化の方向について示すことなく、財政再建最優先の立場から消費税率の10％への引き上げを提起した結果、民主党は参議院選挙で大敗し、衆議院と参議院のねじれ状態を招いた。

　そこで菅首相は消費税の大幅増税を合理化するために、改めて「社会保障・税の一体改革」という議論の枠組みを設定した。2010年10月に政府・与党社会保障改革検討本部（本部長＝菅首相）を設置、同年11月から12月にかけて社会保障改革に関する集中検討会議を開催、12月に社会保障改革の「三つの理念」「五つの原則」を盛り込んだ報告を行った。

　2011年に入ると、菅首相は消費税増税にむけての社会保障・税一体改革の議論を加速化するため、1月の第2次改造内閣で「立ち上れ日本」与謝野馨を一本釣りして経済財政相に据え、一体改革を担当する特命相とした。与謝野馨は、自民党時

代には最も強硬な「消費税増税による財政再建」派であり、消費税の「社会保障目的税化」を主張してきた。自民党政権時代から民主党を罵倒してきた与謝野氏を社会保障・税の一体改革を担当する大臣に据えたことは、改革の主な狙いが消費税の大幅増税にあることを端的に示した。与謝野馨の進言を受けて菅首相は、関係閣僚や与党責任者のほか、経済界や労働界、学識経験者らで構成される「社会保障に関する集中検討会議」（議長・首相）を設置、2月から検討を開始した。

　3月11日の東日本大震災と福島第一原発の事故が発生すると、官邸と与党はその対応に追われ、集中検討会議は中断した。3月末、菅首相は6月の結論取りまとめを先送りすると発言したが、与謝野経済財政相は首相と会談し、6月中の策定を目指す考えを伝えるとともに、少数の関係者による非公式会合で検討を再開することとした。経済財政相は4月半ばには、社会保障改革案のとりまとめを5月に先送りすると正式に表明したものの、消費税増税を含む税制改革案を予定通り6月中に策定するとした。

　社会保障改革案の策定が1ケ月先送りされたにもかかわらず、それを基に検討するとしてきた消費税率の結論を予定通り1ケ月後に出せるのは、参議院選挙で菅首相が提起した消費税率10％が実質的には枠として初めから設定されていたからに他ならない。特に3月11日以降の集中検討会議では、震災復興のために10兆円を超える財政支出が予測される中で、社会保障の「機能強化」から「効率化」（給付抑制）へ議論の重点が移った。集中検討会議は、2011年6月初め、社会保障・税の一体改革原案を決定した。財源対策としての消費税率10％への引き上げ案が、菅前首相、与謝野経財相、野田財務相ら一部の幹部の密室による協議で決定されたことから、成案のとりまとめにむけて、民主党や総務省・地方自治体などから強い反発が

生じた。

　2011年6月17日には、「社会保障・税の一体改革」の修正案が示された。修正案が示された後も民主党内の消費税増税に対する強い反発は収まらず、菅首相がこだわった6月20日の成案決定は見送られた。民主党の「社会保障と税の抜本改革調査会」は、6月24日、消費税率引き上げ時期は「2010年代半ば頃まで」など幅のある表現とするよう求める意見書を政府に示し、反映させるよう求めることで大筋一致した。政府・与党は6月30日に、「経済条件を好転させることを条件として」「2010年代半ばまでに消費税率を段階的に10％に引き上げる」という方針を盛り込んだ「社会保障・税の一体改革成案」を決定したが、閣議決定は見送られ、閣議報告了承という扱いになった。

　改革成案では、社会保障改革についてはおおまかな方向が示されているだけで、具体的な改革の内容は明らかではない。それにもかかわらず2015年度の費用負担（公費分、2011年度比増減額）の推計を行っている。社会保障の充実（政策増）に伴う公費増加額は3.8兆円程度で、重点化・効率化に伴い公費は1.2兆円程度削減されるので、ネットでは制度改善に伴う公費増は2.7兆円程度であり、消費税換算で1％程度にすぎない。改革に伴う新規歳出増に見合った安定財源の確保に消費税率2％分の財源が充てられているが、うち1％分は消費税引き上げに伴う社会保障支出等の増に充てられ、社会保障の充実に結びつくわけではない。

　民主党の反対に配慮して、消費税率の引き上げ時期を一体改革案の「2015年度まで段階的に10％に」から「2010年代半ばまでに、段階的に10％」に変更し、「経済条件を好転させることを条件として」を盛り込んだ。5％の消費税率引き上げのうち、約3％分は国・地方のプライマリー・バランス（PB：基

礎的財政収支）の改善に充当される。後に見る「財政運営戦略」における財政健全化目標を達成するには、内閣府「経済財政の中長期試算」（2011年1月策定、年央に改訂）を前提とすると、2015年度までに消費税率で3％相当の増税が必要になると算定されている。

　政府は2012年1月6日に「社会保障・税一体改革の素案」を決定した。「改革素案」の大筋は「改革成案」と変わらない。民主党の消費税増税消極論を押し切って、消費税率の引き上げ時期を2014年4月に8％、2015年10月に10％と明記した。ただし「経済指標・経済状況を総合的に勘案した上で引き上げ停止などを行う」という景気条項を法案に盛り込むとしている。社会保障制度については、年金制度、高齢者医療制度とも抜本的な改革プランは示されず、当面の措置のみが掲げられている。

　「社会保障・税の一体改革」素案は、財務省が主導する財政再建最優先政策の具体化であり、社会保障改革に見合った「安定財源確保」は消費税増税を国民に受け入れてもらうための「目眩まし」である。

2　消費税の「社会保障目的税」化

　「社会保障・税の一体改革」素案では、消費税の国分は予算総則で高齢者三経費（年金、医療、介護）に充当することになっているが、今後は高齢者三経費を基本としつつ、少子化に対処するための施策に要する経費を含めた社会保障四経費に充当する分野を拡充するとしている。

　社会保障給付に要する公費負担の費用は、消費税収（国・地方）を主要な財源として確保するとした上で、消費増税のみに限定せず、所得税・法人税・相続税など総合的な税制改革を図る必要があるとしている。消費税収（現行の地方消費税を除

く）については、すべて国民に還元し、官の肥大化には使わないこととし、消費税を原則として社会保障の目的税とすることを法律上、会計上も明確にすることを含め、区分整理を設定する等、その使途を明確化するとして、消費税の「社会保障目的税化」を打ち出している。

　このような「社会保障目的税」化は少子高齢化に伴い社会保障費の公費負担が増加すると、消費税収を主な財源としている上での目的税化であるから、ほぼ自動的に消費税率が引き上げられることになる。消費税（付加価値税）を目的税化している先進国はない。目的税が財政の硬直化を招くという弊害を伴う上に、高齢化の進展による財政支出の膨張により租税体系で消費税（付加価値税）のウエイトが高まり、低所得者ほど租税負担率が高い逆進的構造になるからである。企業が社会保障の公費負担から免れるから、負担は中低所得層に集中する。

　税制改正は、個人負担の公平性、適切な企業負担、十分性（歳出を賄うの十分）・弾力性（歳出膨張に対応して増大）といった原則を踏まえて総合的な観点から行うべきであり、消費税の「社会保障目的税化」はそれを妨げる。

3　自治体側が消費税増税分の配分を要求

　増税に伴い消費税の国・自治体間配分がどうかなるかは、道府県税の地方消費税の1/2が税交付金として配分される市町村の財政にも大きく影響する。現行の配分比率は、税率の上では国4％、自治体1％である。国4％のうち交付税率分（29.5％）の1.18％は地方交付税として地方の取り分となる。地方交付税配分後は国2.72％、地方2.18％となり、配分比率は国56％、地方44％となっている（P132 表26参照）。

　2011年2月、与謝野経財相が消費税率引き上げに際しての

地方への配分比の上乗せについて否定的な考えを示したことから、全国知事会は臨時の会合を開き、集中検討会議に地方の意見が反映されるよう、政府に対して文書で要請した。しかしこの要請は受け入れられず、6月13日の「国と地方の協議の場」（議長＝枝野官房長官）の初会合で、国が一体改革原案について説明した。地方六団体は、消費税の使途が国費を充当する事業（地方歳出では国庫補助事業）に限定されている点を批判し、「地方の意見が取り入れられていない」と反対の意向を表明した。同日、片山総務相は政府・与党の成案決定会合で、社会保障の地方単独事業費が2015年度に約9.2兆円に達するとの試算を明らかにしている（高木健二「国・地方の社会保障と税財源配分」『自治総研』2011年9月号）。「国と地方の協議」は国・地方関係を見直す地域主権関連三法（2010年4月成立）に基づき設置されたものであり、国レベルの政策決定に地方自治体が公式に参加する場として意義深いものがあるが、地方自治体側の意見を聴かないままに国が策定した案について、取りまとめ期限を予め決めた上で協議するやり方では、国・地方が対等の立場に立っているとはいえない。

　2011年6月17日には、一体改革修正案が示された。与謝野経済財政相と財務省の消極的な姿勢にもかかわらず、消費税増税による増収分は、地方単独事業を含めた社会保障給付の公費負担割合に応じて国・地方に配分するとして、地方自治体側の要求が一定程度盛り込まれた。

　一体改革成案では、消費税率5％分については現行の国・地方の配分の基本的枠組みを変更しないことを前提とし、引き上げ分については高齢者三経費を基本としつつ社会保障四分野に則った範囲の社会保障給付における国と地方の役割分担に応じた配分を実現することとし、国とともに社会保障制度を支える地方自治体の社会保障給付に対する安定財源の確保を図るとし

ている。

　「社会保障・税の一体改革素案」では、消費税率引き上げ分を5％とした場合の国税と地方税の配分について、国分3.46％、地方分1.54％（うち地方消費税分1.2％、地方交付税分0.34％）としている。国分の3.46％に現行の交付税率（29.8％）を乗じると、地方交付税分は1.03％なるはずである。地方交付税分が0.34％にとどめられているのは、次のように交付率が引下げれからである。

　2014年4月に消費税率（地方消費税分を含む）を8％に引き上げた段階では、税率の配分は国6.3％、地方1.7％で現行の配分比率とあまり変わらない。一方、交付税率は22.3％に、次いで20.8％に引下げられる（P132表26参照）。そこで国6.3％のうち、地方交付税で配分されるのは交付税率22.3％で1.40％、20.8％で1.31％になる。地方交付税後配分後は、交付税率22.3％では国4.90％、地方3.10％、20.8％で国4.99％、地方3.01％となり、配分比率は国61〜62％、地方38〜39％となり、地方の取り分は現行よりも低下する。

　2015年10月に消費税率（地方消費税分を含む）を10％に引き上げた段階では、税率の配分は国7.8％、地方2.2％で現行の配分比率と比較して、地方のシェアは20％から22％へが2ポイント上昇する。交付税率は当初は20.8％が適用され、次いで19.5％に引下げられる。国7.8％のうち、地方交付税で配分されるのは交付税率20.8％で1.62％、19.5％で1.52％になる。地方交付税後配分後は、交付税率20.8％では国6.18％、地方3.82％、19.5％で国6.28％、地方3.72％となり、配分比率は国62〜63％、地方37〜38％となる。消費税収の配分において国への「集中化」という分権改革に逆行する動きが進む。「三位一体の改革」で地方六団体が「税源移譲」の第2段階では、現行の消費税率5％分について地方の配分比率の引き上げを求め

Ⅵ　「協調型」分権システムへの転換と「税源移譲」

表26 「社会保障・税体改革素案」による消費税収の国・地方の配分

	消費税率(地方消費税を含む)	(国)消費率(1)	うち地方交付税分 法定率	うち地方交付税分 消費税率換算(2)	地方消費税・消費税率換算(3)	地方交付税配分後の国・地方の配分(消費税率換算) 国 (1)−(2)	地方 (3)+(2)	消費税収入の国・地方の配分 国	地方
現行	5%	4%	29.5%	1.18%	1%	2.82%	2.18%	56.4%	44.6%
片山プラン(2004年8月)	5%	2.5%	29.5%	0.74%	2.5%	1.76%	3.24%	35.2%	64.8%
社会保障・税一体改革素案	8%	6.3%	22.3%	1.40%	1.7%	4.90%	3.10%	61.2%	38.8%
交付税率22.3%	8%	6.3%	20.8%	1.31%	1.7%	4.99%	3.01%	62.4%	37.6%
交付税率20.8%	10%	7.8%	20.8%	1.62%	2.2%	6.18%	3.82%	61.8%	38.2%
交付税率20.8%	10%	7.8%	19.5%	1.52%	2.2%	6.28%	3.72%	62.8%	37.2%
交付税率 19.5%									

出所：全国市長会ホームページ「国と地方の協議の場（第5回臨時会合、2011年12月29日開催）社会保障税・一体改革の伴う消費税収の国・地方の配分・地方の配分等」の計数を一部訂正して作成。

たのとは逆方向に歩もうとしている。

　一体改革成案では、「地方単独事業に関して、必要な安定財源が確保できるよう地方税制の改革などを行う」としている。地方税の改革による消費税以外の地方税の引き上げ、超過課税など自主課税の強化により確保させようとしている。地方税の引き上げは、国税と課税ベースが競合する個人所得課税や法人所得課税は除外されて「税源移譲」は行われず、固定資産税など課税ベースからみても実質的な独立税となっている税目に限定されよう。

　そうすると超過課税など自主課税の強化に多くの財源を求めることになり、自治体間の単独事業の行政格差と地方税負担の格差を拡大し、「競争型・分離型」分権システムへ向かうことになる。

　財政再建最優先政策、消費税増税中心の税制改革、消費税の「社会保障目的税化」という枠組みの中に入って自治体側が主張したとしても、国・地方の最終支出の配分と税収配分の乖離を是正する「税源配分」の道筋は見えてこない。

2　「内需創造型経済」への転換と「協調型」分権システム

1　民主党政権の「新成長戦略」と「第3の道」

　2010年6月18日に閣議決定された「新成長戦略」では、「第3の道」による日本経済の建て直しを打ち出した。我が国の経済社会の呪縛となっているのは、産業構造・社会構造の変化に合わない二つの道による政策ととらえている。「第1の道」は公共事業中心の経済政策であり、1996年代以降は従来型のインフラへの投資効率が低下してもなお、既得権擁護のためのばら撒きが続けられた。「第2の道」では行き過ぎた市場原理

主義に基づき、供給サイドに偏った生産性重視の経済政策が推進された。一企業の視点ではリストラの断行による業績回復が妥当な場合もあるが、国全体としてみれば多くの人が失業する中で国民生活は更に厳しくなり、デフレ経済に陥った。「第3の道」では、経済社会が抱える課題の解決が新たな需要や雇用創出のきっかけととらえる。持続可能な財政・社会保障制度の構築や生活の安全網（セーフティネット）の充実を図ることが、雇用を創出するとともに、国民の将来不安を払拭して貯蓄から消費への転換を促し、経済成長の礎となるとする。

「強い経済」を実現するための需要創造の鍵は「課題解決型」国家戦略であるとし、現在の経済社会に山積する新たな課題に正面から向き合い、その処方等を提示することにより、新たな需要と雇用の創造を目指すとしている。それは経済社会が抱える課題の解決を新たな需要や雇用創出のきっかけとし、それを成長につなげようとする政策であり、その実現のための戦略が「強い経済」「強い財政」「強い社会保障」の一体的実現に主眼を置く「新成長戦略」である。持続可能な財政・社会保障制度の構築や生活の安全網（セーフティネット）の充実を図ることが、雇用を創出するとともに、国民の将来不安を払拭し、経済成長の礎となるとする。「強い経済」を実現するためには、安定した内需と外需を創造し、産業競争力の強化とあわせて、富が広く循環する経済構造を築く必要があるとしており、、「内需創造型経済」を目指すとしている点に自公政権の成長政策からの転換が現れている。

2 「財政運営戦略」と「第2の道」

「新成長戦略」が決定された直後の2010年6月22日に「財政運営戦略」が閣議決定され、財政再建最優先路線が設定された。

その内容は、「基礎的財政収支」（プライマリー・バランス、公債収入を除く歳入マイナス国債費を除く歳出）を遅くとも2015年度までに2010年度比で半減、2020年度までに黒字化するというものである。2021年度以降、1.8倍と先進国で最も高いGDP比の国・地方長期政府債務残高を安定的に引き下げる目標を設定した。2011～2013年度の中期財政フレームでは、「基礎的財政収支対象経費」（国の一般会計歳出のうち国債費および決算不足補てん繰り戻しを除いたもの）を2010年度の水準（約71兆円）以下に抑えるとした。

　「財政運営戦略」は、自公政権時代に小泉首相と財務省が主導して実施し、第1期（2002～2006年度）に引き続いて第2期（2007～2011年度）を行おうとしたが、第2年度目（2008年度）に修正を余儀なくされた「財政健全化政策」を引き継いだものである。財界が低賃金でいつでも解雇できる労働者を求め、この要求に応えた労働法制の規制緩和（製造業への派遣の容認など）と公共サービスの劣化により、個人間・地域間の格差拡大を伴いつつ生活が困難の度合いを強めた。参議院選挙に敗北すると、安倍首相以降の首相の下で、輸出主導型成長を指向した「第2の道」の重要な一環としての財政健全化政策は修正を余儀なくされた。「生活重視」を掲げた民主党の政権獲得はその延長線上にある。

　消費税増税こそ回避したものの、自己負担の強化・給付水準の引下げを中心に医療・福祉・教育への財政支出を圧縮するとともに、中低所得層の公的負担を強化する一方で、高所得者の所得の大半を占める金融所得（配当、証券譲渡所得）や法人の租税負担を引き下げた「財政健全化政策」は「第2の道」の中核であった。「第3の道」を新成長戦略とした民主党政権が同時に「第2の道」の「財政運営戦略」を決定したことは、選挙公約に掲げた「生活重視」の危うさを端的に示した。

3 「第3の道」と「協調型」分権システム

　「生活重視」の立場から「第3の道」を追求しないで、財政再建を最優先した消費税増税を実施しようとしても、多数の国民の抵抗で増税法案の成立に至らないか、第1ステップの増税を実施しても、国民の生活困難により負担増を受け入れる経済力がますます低下して、第2ステップに入れず、結局は財政再建が挫折してしまう。財政再建を最優先する前に「第3の道」を着実に歩むべきである。

　財政再建を最優先政策とする根拠としてあげられるのが、「ギリシャ危機」に端を発したヨーロッパの経済危機である。ギリシャ、ポルトガル、スペイン等の財政赤字と日本のそれを同一視するのは誤りであり、その主な理由は次の通りである。

① 国債の保有者構成をみると海外比率（2009年6月時点で、アメリカ47.7％、イギリス32.0％、ドイツ53.8％に対して、日本ではわずか5.8％にすぎない。

② 日本の対外純資産残高は2010年9月末に266兆2,230億円と過去最高を記録しており、南欧諸国のような純対外債務国とは大きな違いがある。

③ 国内では事業法人が膨大な内部留保を抱え、「資金余剰」を示してきた。

　個人部門と法人企業部門の資金余剰（貯蓄超過）が膨大な日本では、大幅な財政赤字→国債への市場の信認低下と国債価格の暴落→資金の海外流出と為替相場の暴落という「ギリシャの悲劇」は生じないのである。

　当面は資金過剰（貯蓄過剰）であるとしても、数年後には高齢化に伴う個人貯蓄率の低下と景気回復による法人企業部門の資金不足化により、国債の消化難、国債価格の暴落、長期金利の上昇、大量保有する金融機関の多額の損失が生じるという議

論がある。個人貯蓄率は低下しても膨大な個人貯蓄のストック（約1,400兆円）が目立って低下することはない。法人企業部門は、一方で非正規雇用の拡大と法人税減税により膨大な内部留保の積み増しがあり、他方で内需停滞の下で新規の投資機会が乏しいため、「資金過剰」基調に変化がない。今後期待できないほどの高率の経済成長が達成された小泉内閣下の輸出主導型景気上昇局面においてさえ、法人企業部門は「資金過剰」を示した。現在、国債の購入者としては、事業法人が家計部門に匹敵する地位を占めており、個人貯蓄残高と政府債務残高を対比して論じるのはミスリーディングである。

　生活の安全網（セーフティネット）の充実を図ることが新成長戦略の柱になるとすれば、その中心的な政策主体となるのは自治体であり、全国的に格差の小さい充実した生活の安全網をつくりあげることが緊要の課題となる。目指すべき方向は「協調型」「統一型」分権システムになる。

3　さらなる「税源移譲」を求めて

1　所得税の「包括所得税」化

　日本では税制改革イコール消費税（付加価値税）増税とする考え方が支配的である。国際的にみると、日本の付加価値税率は最低水準にあるため、引き上げの余地が大きいと考えられているからである。「生活者重視」の経済成長に転換しないまま消費税を増税しようとすれば、個人消費の停滞により経済成長率が低下するとともに、中低所得層は生活条件の悪化により増税に反発する。消費税増税への国民の反発をかわすために、基礎年金目的税あるいは社会保障目的税（社会保障の国庫負担を賄う）とする構想が財界や自民党税制調査会から出されてきた。

財政硬直化を理由に目的税化に反対してきた財務省の方針もその方向に転換した。

　消費税率は、基礎年金目的税では約12％、社会保障目的税では約18％と試算される。目的税化で消費税率が国民に受け入れがたい高さになるのは、企業から個人への負担転嫁が行われるからである。政府・自民党は「広く薄く負担する税制」への転換を喧伝し、多くのエコノミストは基幹税と所得税から消費税に移すと、現役労働者から自営業者や高齢者に負担がシフトし、「水平的公平」が図られると主張してきたが、企業から個人への負担転嫁という最も重要な変化を覆い隠す議論である。税制改革では直接税制の再構築が最優先課題であり、消費税増税は成長戦略と財政支出構造の転換の後に、自治体への「税源移譲」を含めて提案されるべきである。

　1980年代以降、個人間の負担では「水平的公平」が重視され、「垂直的公平」が弱められてきた。消費税増税による財政の大幅圧縮を図る条件の整備の期間には、税収調達力と所得再分配機能の確保を狙いとして、直接税制の再構築を図ることが課題となる。第一に利子（税率20％）、配当、証券譲渡所得（本則20％、経過措置10％）、土地譲渡所得を総合課税に組み入れ、所得税の「包括所得税」化を図る。国税庁の調べによると、金融所得を含めた所得に対する所得税の負担割合（2008年）は、年収1億円を超えると急速に低下し、年収50億円では年収1,500万円と差がなくなっている（「朝日新聞」2011年12月22日付）。高額所得者ほど低率分離課税が適用される金融所得のウエイトが高いことによる。

　配当所得や証券譲渡所得に対する徹底した税負担軽減は、「貯蓄から投資へ」、「リスクを引き受ける社会へ」をスローガンにして進められている。大企業の資金調達構造をみると、バブル崩壊後、投資資金はほぼ内部資金で賄える「自己金融」が

一般的となっており、中小企業は銀行借入による「間接金融」が中心である。「貯蓄から投資へ」は、一般国民の教育・住宅取得・老後生活に備えた貯蓄を投機的な株式流通市場へ引き入れるためのスローガンであり、「生活重視」の観点からみればそれを税制上促進するのは誤りである。むしろ預貯金利子の回復や消費者金融の上限金利の大幅引き下げといった政策が求められている。

金融所得に対する税率を引き上げると、海外へ資金が流出するという主張がある。日本における国際資金移動の主要因は、為替レートや金利差であり、税制は副次的要因である。超低金利政策や円安維持政策によりアメリカへの資金流出を促進しておきながら、税制の設計において海外への資本流出を理由として配当所得・証券譲渡所得を軽課し続けるのは、国民に対する欺瞞である。税制が影響を及ぼす手取り利回りが投資国を選ぶ決定的要因であるならば、主要先進国で唯一のデフレ経済下で超低金利状態が続く日本に金融資産がとどまることはなく、ほとんどが海外へ流出しているはずである。なお「包括的所得税」の確立の条件整備として、ある個人が多様な支払先から受け取る所得をコンピュータで「名寄せ」して、所得合計額を算出できるように、「納税者番号制」を導入することが必要である。

政府は、2015年1月からの「社会保障・税に関わる共通番号制度」の導入を予定しており、2012年度予算案では総務省や内閣官房など4省庁で67億円の導入準備費が初計上されている。

第二に、最高税率を55％（1999年改革前の50％プラス地方からの税源移譲分3％に近似）に引き上げる。1955年に高度経済成長がスタートして以降の所得税の最高税率のピークは、1969年度改正から1984年度改正までの75％であり、それと比

較すると控えめな提案である。マスコミ報道が正確性を欠いているのは、「限界税率」と「平均税率」の差異を明らかにしていない点である。税率表に掲げられる法定税率は、最低税率から始まって、課税所得が一定金額を超えた分に次の税率が適用され、さらに金額が超えた分に対して次の税率が適用される限界税率である。最高税率を55％に設定すると、所得の半分以上が税金に持っていかれるというのは誤解である。また法定税率が適用されるのは、収入金額から必要経費（サラリーマンは給与所得控除）を差し引いた所得金額からさらに所得控除を差し引いた課税所得である。従って課税所得に対する所得税額の割合である平均税率よりも、所得金額に対する所得税負担の割合である租税負担率（実効税率）はさらに低い。

税率を引き上げると労働供給・勤労意欲を阻害するといわれるが、実証研究では主たる稼ぎ手については論証されていないし、税制はそれに影響を及ぼす主たる要因でないといわれている。

「社会保障・税の一体改革素案」では「金持ち優遇」という批判を和らげるために、所得税の最高税率を40％から45％に引き上げるといった直接税改革も盛り込まれている。上場株式の配当・証券譲渡所得等の税率は、2014年1月から本則の20％に戻されるが、総合課税化されない。金融所得の総合課税化を伴わない所得税の最高税率による増収額は400億円程度といわれており、税制の所得再分配機能と財源調達機能の回復に対してほとんど寄与しない。

2　個人所得課税の「税源移譲」

直接税の再構築（「包括所得税」の確立と累進性の回復）では、累進税率部分が帰属する国税所得税が増収となる。そこで

個人所得税のさらなる地方移譲の条件ができる。国税の最低税率の5%分を「三位一体の改革」では税源移譲で副次的な受け皿であった市町村に移譲する。個人所得課税（国・地方）の最低税率分は地方税となり、累進税率分が国税となるスウェーデン型になる。個人所得課税の税率は表27（P142）のようになる。

「三位一体の改革」においては、所得税の5%分の地方移譲の増収効果は3.4兆円と見積もられた（2005年度ベース、個人住民税の最高税率のうち3%分の国への移譲による減収額0.4兆円）。消費税1%の税収は約2.5兆円であるから、所得税の5%分の移譲額は消費率1.3〜1.4%分に見合う金額であり、市町村のみを移譲の対象とするならば大きな財源効果をもつといえよう。

3　「税源移譲」を支える「生活重視」の政策

　国から地方への「税源移譲」が十分に行われるためには、国の財政再建が必要であることはいうまでもない。しかし「社会保障・税一体改革素案」に示されるような、大企業や高所得者の負担の中低所得者へのシフトさせる政策は、デフレを深化させ、財政再建を遠のかせてしまう。輸出・投資型成長戦略は、コスト高を回避するための、賃金圧縮、公的負担の引下げによる公共サービスの劣化を通じて生活困難をもたらしながら、大幅な経常収支の黒字による円高を招く。このような悪循環により経済再生と財政再建は遠のく。

　「生活者重視」の「内需創造型政策」への転換により、生活の再生を通じて経済再生を図ることが、財政再建への近道であり、国から地方への十分な「税源移譲」の条件をつくり出す。

　「生活重視」の政策では、①正規雇用者と非正規雇用者の労

表 27　税源移譲による個人所得課税の税率表の変化

	「三位一体の改革」以前 2006 年度	「三位一体の改革」以降 2007 年度	さらなる税源移譲後
国税・所得税	10%～37% （ブラケット数 4）	5%～40% （ブラケット数 6）	10%～40% 個人所得課税の累進税率部分 （ブラケット数 5）
地方税・所得割	5%、10%、13% （ブラケット数 3）	10% （ブラケット数 1）	15% （ブラケット数 1）
道府県民税	2%、3%	4%	4%
市町村民税	3%、8%、10%	6%	11%

注：1)「三位一体の改革」は 2006 年度まで行われたが、所得税の個人住民税・所得割へへの移譲は 2007 年度に実施された。
　　2) ブラケットは法定税率表の金額区分。

働条件の均一化と労働時間の短縮、②生活保障機能を弱体化させた福祉システムの再生、③主要国で最も低い教育への公費支出の引き上げ、④垂直的所得再分配機能を強化するための直接税改革（分離課税の廃止による所得税の「包括的所得税」化と最高税率引き上げ）、⑤「脱原発」と再生可能エネルギーの技術開発、環境税の導入等環境政策の強化が重要な政策となる。

索引

あ行

赤字地方債　25, 81
安定性の原則　33

依存財源　13, 21
一時借入金　88, 96
一部事務組合　26
一括交付金　19, 83
一定税率　15, 55
一般会計　9
一般財源　23
一般財源等　24
一般単独事業債　87
一般的許可団体　88
一般補助金　13

裏負担（地方負担）　13

縁故債　15

応益課税　35
応益原則　33
応能原則　33
大きな政府　31

か行

外形標準課税　36, 45
介護保険事業会計　11
核燃料税　53
課税最低限　43
課税自主権　16

課税の自主性の原則　33
課税ベースの帰属　42
合併特例債　77
環境税（地球温暖化対策税）　55
間接税等　38

機関委任事務　12
起債許可制度　15
起債権限　15
起債充当率　15, 80
起債制限　15
起債制限比率　86
基準財政収入額　73, 77
基準財政需要額　72
基礎的財政収支　89
寄附金　101
義務付け・枠付け見直し　18
義務的経費　25
「競争型・分離型」分権システム　123
「協調型・統一型」分権システム　123
共同税　38
共同発行市場公募債　94
居住地ベース　43
銀行税　45
銀行等引受資金　92
均等割　43

国と地方の協議の場　19
国と地方の税収配分　13
繰出金　105

経常一般財源等　24
経常一般財源等比率　24, 29
経常収支比率　25
経常的経費　25
決算カード　25, 63, 64, 107
減収補てん債（特例分）　25
減税自治体　60
現代的地方自治　24

公営企業会計　11
公営企業金融公庫　92
公営事業会計　11
公債費比率　87
公債費負担比率　88
構造改革　17
交付税等特別会計　72
交付税率　71, 80
国税原資　72
国民健康保険事業会計　11
個人住民税の比例税率化　17
国庫支出金　12
国庫補助負担金　12, 67, 69
固定資産税　35
固定資産税の評価替　47
子ども手当　105
個別算定経費　75

さ行

財源不足額　73
財源保障　13
財産収入　101
最終支出　32
財政運営戦略　89
財政再建（財政健全化）　17
財政再生基準　25
財政投融資改革　15
財政融資資金　92
財政力格差　14

財政力指数　75
産業廃棄物税　53
参酌すべき基準　120
三位一体の改革　17, 32
三割自治　13

事業費補正　76
資金運用部資金　15
資産等課税　38
自主課税　36, 53, 55, 58, 133
自主財源　21
自主財源比率　22
市場公募債　15
市場公募地方債　92
従うべき基準　120
自治事務　16
市町村税　47
指定管理者制度　105
シビル・ミニマム　119
社会保障・税一体改革素案　44
社会保障・税の一体化改革　19
社会保障・税の一体化改革成案　19
社会保障目的税化　133
収益事業会計　11
集権型　32
集権分散型　33
住民参加型公募地方債　93, 94
住民自治　61, 120
消費課税　38
消費税　37, 133
消費税（付加価値税）　37
将来負担比率　91
使用料　98
諸収入　101
所得課税　35, 38
所得割　43
新型交付税　75

— 144 —

人口ベースの地方交付税　81	地方議会　12
震災復興特別交付税　72	地方公共団体金融機構　92
新成長戦略　133	地方公社　26
森林環境税　58	地方交付税　13, 71
	地方交付税の総額　79
税外収入　21, 98	地方債　85
税外負担　98	地方債協議・許可制度　85
生活者重視　141	地方債協議不要団体　90
税金　30	地方債計画　91
税源移譲　17	地方債事前協議制度　85
制限税率　15, 57	地方財政計画　73
税源の普遍性の原則　33	地方財政健全化法　25
税交付金　21, 51	地方財政調査制度　14, 73
性質別歳出　11	地方債届出制　90
税収の集中化　19	地方主権改革　18
税制優遇措置　36	地方消費税　40
生存権保障　120	地方消費税の清算　46
政府資金　15	地方税原則　33, 35
政令指定都市　74	地方税体系　38, 39
全国型市場公募地方債　93	地方税の税率　55, 57
全国知事会　61	地方税のわがまち特例　62
	地方税法　15, 55
早期健全化基準　25	地方分権一括法　16
租税負担率　31	地方分権計画　16
その他の経費　104	地方分権推進委員会　16
た行	地方分権推進法　16
第三セクター　26	地方法人特別譲与税　42
脱原発　142	地方法人特別税　41
単位費用　75	地方六団体　17
段階補正　76	中央集権システム　12
団体自治　12	中核市　74
	超過課税　55, 59
地域自主戦略交付金　83	超過負担　103
地域主権改革一括法案　19	直接税　38
地域主権戦略会議　18	直接請求　61
小さな政府　31	
地方環境税　55	出口ベースの地方交付税　81
	手数料　100

投資的経費　104
道府県税　40
道府県税体系　42
特定財源　23
特定補助金　13
特別会計　9
特別交付税　71
特会借入金　80
都道府県支出金　70

　　　　な行

内需創造型政策　141
ナショナル・ミニマム　13

任意税率　15, 55

納税者番号制　139

　　　　は行

バブル好況期　32

東日本大震災復興特別会計　72
非課税　44
標準財政規模　25
標準税率　15, 55
標準税率未満採用団体　16, 60
標準的行政　13

不均一課税　58
不交付団体　73
負担金　100
負担調整措置　49
負担分担の原則　33
普通会計　11
普通交付税　71
復興債　45
復興特別税　45
ふるさと納税　44

分割法人　43
分散型　32
分担金　100
分離課税　44

平衡交付金　79
平成の大合併　77
別枠加算　82

包括算定経費　75
包括所得税　138
法人事業税　40
法人住民税　40
法人住民税法人税割　36
法人二税　36
法定外税　15
法定外税の事前協議制　16
法定外普通税　51, 54
法定外目的税　16, 53, 56
法定受託事務　16
補助費等　105
補正係数　75

　　　　ま行

民間委託　102

目的税　24
目的別歳出　11

　　　　ら行

リーマン・ショック　33
利子割　42
留保財源　75
臨時財政対策債（臨特債）　81
臨時財政対策債発行可能額　25
臨時財政対策特例加算　81
臨時財政特例債　25
臨時的経費　25

― 146 ―

類似団体　111

連結赤字比率　91

老人保健医療事業会計　11

著者紹介

町田　俊彦　氏（まちだ　としひこ）専修大学　経済学部　教授

経歴　1944年生まれ。
　　　北海道大学農学部農業経済学科卒。経済学修士（東京大学）。現在、専修大学経済学部教授。
　　　日本における中央・地方政府の財政関係を研究、ドイツの財政再建、最近は中国の税制改革後の地域格差と財政調整などについての研究に取り組む。

著書　『「平成大合併」の財政学（公人社）、『地方交付税改革論と問題点』（（財）地方自治総合研究所）、『世界の財政再建（第4章「ドイツにおける財政赤字と財政再建」を分担執筆）』（敬文堂）他。

歳入からみる自治体の姿
―自治体財政・収入の仕組みと課題

発行日 2012年2月3日
著 者 町田 俊彦
表 紙 寺川まゆみ
発行人 片岡 幸三
印刷所 株式会社シナノ
発行所 イマジン出版株式会社 ©
〒112-0013 東京都文京区音羽1-5-8
電話 03-3942-2520 FAX 03-3942-2623
URL http://www.imagine-j.co.jp

ISBN978-4-87299-595-4 C2031 ¥1500
乱丁、落丁の場合はお取替えいたします。

COPA BOOKS最新刊
地域再生のブランド戦略
―人口1000人の村の元気の秘密

多田 憲一郎（岡山商科大学教授）著

- 豊かな自然を活かした地域再生プロジェクトとは。地域を活かす自主自立の政策。
- 特産品を地域ブランドとして大都市に売り込んだ元気ある村。地域ぐるみのふる里起死回生の奮闘が気づかせてくれる。
- 著者が10年以上に亘って調査・支援を行ってきた村の記録がこの一冊に。

□A5判／96頁／定価1,050円（税込）

最新刊
市民討議による民主主義の再生
―プラーヌンクスツェレの特徴・機能・展望

ペーター C. ディーネル 著
篠藤 明徳 訳（日本プラーヌンクスツェレ研究会 代表）

- 市民参加の決定版 日本初プラーヌンクスツェレを翻訳出版。
- 日本で広がる市民討議会の生みの親 ペーター・ディーネル教授が手法の解説を通じ民主主義とはなにかを語る。
- 市民討議の詳細と世界の様々な市民参加との比較をわかりやすく解説。

□A5判／170頁／定価1,890円（税込）

最新刊
歳入からみる自治体の姿
―自治体財政・収入の仕組みと課題

町田 俊彦（専修大学教授）著

- 私たちの住むまちの性格を歳入構造から見極め、自治・分権を財政から見つめる方策がわかる。
- 自治体の財政の仕組み、中央と地方の関係や政策の姿勢が歳入項目ごとに解説。「協調型」・「統一型」分権システムの構築を目指す著者の提言も。
- 社会保障・税一体改革の解説も盛り込み、いままでになかった自治体財政がよくわかる一冊。

□A5判／172頁／定価1,575円（税込）

最新刊
どう変わる？どうつくる？第2期地方分権改革 条例の策定と審議

鈴木 庸夫（千葉大学大学院教授）監・著

- わかりやすい座談会形式の解説。
- 自治体に課せられた条例策定が規模別に解説。第1次・第2次一括法と地方自治法改正に伴う議会審議のポイントを条例策定の実際を受けて提言。

□B5判／106頁／定価1,050円（税込）

●ご注文お問い合せは●

イマジン自治情報センター TEL.03(5227)1825／FAX.03(5227)1826

〒162-0801 東京都新宿区山吹町293 第一小久保ビル3階　http://www.imagine-j.co.jp/

イマジン出版
http://www.imagine-j.co.jp/

COPA BOOKS
自治体議会政策学会叢書

自然地理学からの提言 開発と防災
―江戸から東京の災害と土地の成り立ち―
松田磐余(関東学院大学名誉教授)著
□A5判／150頁　定価1,260円(税込)

情報社会と議会改革
―ソーシャルネットが創る自治―
小林隆(東海大学准教授)著
□A5判／158頁　定価1,260円(税込)

改訂版 地域防災とまちづくり
―みんなをその気にさせる災害図上訓練―
瀧本浩一(山口大学准教授)著
□A5判／128頁　定価1,050円(税込)

農村イノベーション
―発展に向けた撤退の農村計画というアプローチ―
一ノ瀬友博(慶應義塾大学准教授)著
□A5判／96頁　定価1,050円(税込)

農業政策の変遷と自治体
―財政からみた農業再生への課題―
石原健二(農学博士)著
□A5判／86頁　定価1,050円(税込)

自治を拓く市民討議会
―広がる参画・事例と方法―
篠藤明德(別府大学教授)／吉田純夫(市民討議会推進ネットワーク代表)／小針憲一(市民討議会推進ネットワーク事務局長)著
□A5判／120頁　定価1,050円(税込)

まちづくりの危機と公務技術
―欠陥ダム・耐震偽装・荒廃する公共事業―
片寄俊秀(大阪人間科学大学教授)／中川学(国土問題研究会／技術士)著
□A5判／120頁　定価1,260円(税込)

自治体の観光政策と地域活性化
中尾清(大阪観光大学教授)著
□A5判／180頁　定価1,575円(税込)

行政評価の導入と活用
―予算・決算、総合計画―
稲沢克祐(関西学院大学専門職大学院教授)著
□A5判／92頁　定価1,050円(税込)

スウェーデン 高い税金と豊かな生活
―ワークライフバランスの国際比較―
星野泉(明治大学教授)著
□A5判／120頁　定価1,050円(税込)

地域自立の産業政策
―地方発ベンチャー・カムイの挑戦―
小磯修二(釧路公立大学教授・地域経済研究センター長)著
□A5判／120頁　定価1,050円(税込)

増補版 自治を担う議会改革
―住民と歩む協働型議会の実現―
江藤俊昭(山梨学院大学教授)著
□A5判／164頁　定価1,575円(税込)

いいまちづくりが防災の基本
―防災列島日本でめざすは"花鳥風月のまちづくり"―
片寄俊秀(大阪人間科学大学教授)著
□A5判／88頁　定価1,050円(税込)

インターネットで自治体改革
―市民にやさしい情報政策―
片寄俊秀(大阪人間科学大学教授)著
□A5判／88頁　定価1,050円(税込)

まちづくりと新しい市民参加
―ドイツのプラーヌンクスツェレの手法―
篠藤明德(別府大学教授)著
□A5判／110頁　定価1,050円(税込)

自治体の入札改革
―政策入札―価格基準から社会的価値基準へ―
武藤博己(法政大学教授)著
□A5判／136頁　定価1,260円(税込)

犯罪に強いまちづくりの理論と実践
―地域安全マップの正しいつくり方―
小宮信夫(立正大学教授)著
□A5判／70頁　定価945円(税込)

地域防災・減災 自治体の役割
―岩手山噴火危機を事例に―
斎藤徳美(岩手大学副学長)著
□A5判／100頁　定価1,050円(税込)

自治体と男女共同参画
―政策と課題―
辻村みよ子(東北大学大学院教授)著
□A5判／120頁　定価1,260円(税込)

●ご注文お問い合せは●

イマジン自治情報センター　TEL.03(5227)1825／FAX.03(5227)1826
〒162-0801 東京都新宿区山吹町293 第一小久保ビル3階
http://www.imagine-j.co.jp/